Celebrando la esperanza en las...

Crónicas del EMBAJADOR del cielo

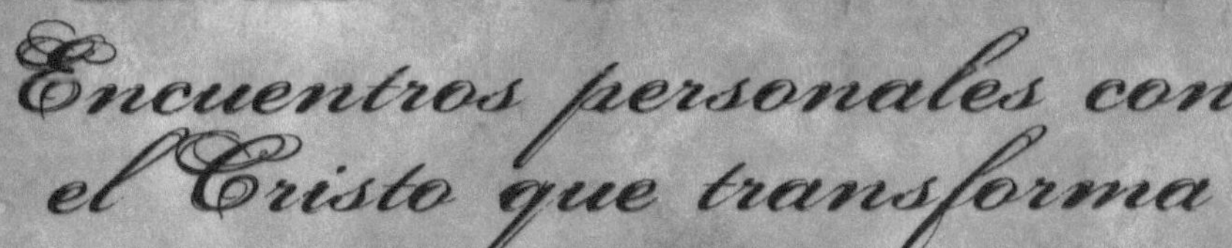

OMAR HERRERA

Crónicas del EMBAJADOR del cielo

Encuentros personales con el Cristo que transforma

OMAR HERRERA

La misión de Editorial Vida es proporcionar los recursos necesarios a fin de alcanzar a las personas para Jesucristo y ayudarlas a crecer en su fe.

Crónicas del *EMBAJADOR* del cielo
Encuentros personales con el Cristo que transforma
2da ed. – Cipolletti: el autor, 2008. 208 p. ; 15,24 x 22,86 cm.

Publicado en Argentina por
Omar Herrera
Cipolletti - Río Negro - Argentina

Diseño de cubierta e interior
Richy Mugni

Foto
Paco Caparrós

Corrección Literaria
Eliseo Angelucci

Categoría
Narrativa Argentina1

Se utilizó la Biblia Versión Reina Valera, Revisión 1960

ISBN-10 (987-05-0721-2) e **ISBN**-13 (978-987-05-0721-5)

Para comunicarse con el autor:

Omar Herrera
Av. Alem 1218 • Cipolletti • C.P. 8324 • Río Negro • República Argentina
Tel.: 54-299-4784797 • www.omarherrera.com

Se terminó de imprimir en febrero de 2008 por Roberto Grancharoff e hijos,
Tapalqué 5868, Ciudad de Buenos Aires, Argentina

Contenido

Prólogos

Casi me pongo de pie. Recordé que viajaba en avión y debía controlar mis emociones. Es que en medio de la lectura de este libro, la cual hacía en ese viaje, quería gritarle a la gente: *"¡HAY ESPERANZA!"*

Es mi reacción frente a esta obra literaria llena de bellísimas y detalladas descripciones. El concepto *esperanza* es para mí lo más sobresaliente en *Crónicas del embajador del cielo*, y estoy convencido de que también a través de todo el evangelio.

La palabra *esperanza* en la Biblia es totalmente diferente a la palabra que usamos los seres humanos, refiriéndonos a ese sentimiento que tantas veces se desvanece cuando alguien nos traiciona y nos da la espalda. Esa no es la *esperanza* de la Biblia. La palabra *esperanza* en la Biblia se refiere a algo firme, inconmovible, anclado al mismo trono del reino de los cielos. Nuestra *esperanza* en Cristo es tan segura como el mismísimo continente americano; es tan real como la misma Cordillera de los Andes.

En medio de las tormentas, catástrofes, dolores, podemos confiar en Jesús. Y luego del encuentro con el Cristo que transforma, nosotros también podemos decir: *"Pues estoy convencido de que ni la muerte ni la vida, ni los ángeles ni los demonios, ni lo presente ni lo por venir, ni los poderes, ni lo alto ni lo profundo, ni cosa alguna en toda la creación, podrá apartarnos del amor que Dios nos ha manifestado en Cristo Jesús nuestro Señor".*

En cuanto al libro, lo recomiendo con todo mi corazón. Es el tipo de obra literaria donde puede verse el trabajo a fondo de un escritor prolífico y dotado de un poder descriptivo como muy pocos. Se ve que mi amigo Omar Herrera dedicó mucho tiempo y talento para graficarnos escenas que se tornaron muy impactantes. Es el tipo de libro que podemos leer y volver a leer, y en sus relatos siempre descubrir aspectos nuevos para nuestro bien.

En cuanto al autor, ¿qué puedo decir? Me siento orgulloso y lleno de una profunda paz al ver esta generación de líderes jóvenes emergentes. Son los auténticos revolucionarios. Omar Herrera es uno de ellos. No se conformó con el *status quo*. Es siempre un buscador. Un visionario. Es uno de esos líderes, joven todavía, que "hacen" la historia; no están parados viéndola pasar delante de sus narices; este tipo de líder es el que la hace, la está escribiendo.

Gracias Omar por un buen libro. ¡Y más que esto! Gracias por liderar tu generación hacia Cristo. El mundo viejo, decrépito y quebrantado tiene *una esperanza* probada si se atreve a confiar en el "Embajador del cielo".

Alberto H. Mottesi

Una ráfaga fresca... Néstor Omar Herrera

Niño

La señora **Norma Susana Ferrera de Villalba,** que fue su maestra de Lengua en 6º y 7º grados, en la escuela Nº 53 de esta ciudad de Cipolletti, dice: En nuestra vida docente nos vemos sorprendidos por miradas chispeantes, por gestos que nos llegan al corazón y se graban en nuestra memoria.

"Difícil es olvidar a Néstor Omar Herrera, siempre atento, servicial, dispuesto a dar una mano, reflejando constantemente los valores in-

culcados por su familia de sólidos principios religiosos, para la que la vida estaba al servicio del prójimo".
"Siento satisfacción de haber aportado algo a su formación integral desde aquellas clases hoy lejanas en el tiempo".

Niño – adolescente – hombre

Nosotras, que desde la cátedra de Literatura y de nuestros cargos directivos fuimos acompañando al niño y al adolescente hasta finalizar sus estudios de nivel medio, nos encontramos hoy con un hombre que con lo que demuestra en este libro nos estremece, nos asombra, nos admira, nos maravilla, nos sorprende, nos sobresalta y nos deja la intranquilidad de tener que emitir una opinión sobre su obra cuando el alumno ha superado al maestro y nos obliga a exclamar: ¡Gracias Señor que nos has dado la oportunidad de poder solazarnos con estas profundas enseñanzas de Cristo enlazadas con el hoy!

¿Quién es y qué hay en este ser humano tan especial que a esta altura de nuestras vidas nos conmueve tan profundamente? Estar frente a este Néstor Omar Herrera nos embellece el alma y nos gratifica en nuestro camino docente.

Ver es un maravilloso milagro de Dios puesto en el regalo de los ojos, pero ver con los ojos del mundo interior es estar en otra dimensión y, como lo considera el autor, es andar por la vida acompañado por el Embajador del cielo.

Con qué facilidad se recorre cada capitulo de este libro. Con qué interés se profundiza cada situación. Con qué fuerza espiritual logra motivar y hacer reflexionar sobre la realidad social que nos circunda y en la que estamos inmersos con total individualidad.

Ida de Anna
Elder del Río
Marta Fabbri

Hace veintiséis años que tengo el privilegio de conocer al autor. Puedo decir que lo conozco muy bien, porque he compartido mi vida con él. Pero cuando puso en mis manos el manuscrito de este libro, confieso que quedé perpleja, porque lo que leía me revelaba la pluma de un escritor que hasta este momento no conocía.

Tengo que decir que me sorprendió. La lectura del mismo me atrapó y me permitió usar mi imaginación y en cierto sentido cerrar mis ojos y ser parte de cada uno de los encuentros.

Confirmé una vez más que Jesús transformó la vida de todos aquellos que se encontraron con él, gracias a que tuvo en cuenta ese insumo de la salud mental: **la ternura**. Ese insumo que se compone de miramiento: que no es solo mirar sino tener empatía, es ponerse en el lugar del otro. Es esa mirada con interés de hacer el bien, no es vigilar, ni juzgar, sino descifrar lo que la persona necesita.

Quiero recomendar con todo mi corazón a todo aquel que se anime a leer este libro, porque es un hecho que el Embajador del cielo, Jesús, una vez más quiere ponerse en tu lugar, mirarte con ternura y descifrar lo que tú estas necesitando.

Cristina Lucero de Herrera
Técnica en Relaciones Comunitarias

Crónicas del EMBAJADOR del cielo

Encuentros personales con el Cristo que transforma

OMAR HERRERA

Dedicatoria

Cristina Lucero

En el año de nuestras bodas de plata, mi tributo a la mujer que desparrama perfumes de vida y entusiasmo por todas partes. Mi aplauso de pie a la novia, la esposa, la amiga, el aliento, el auxilio, la fuerza, el avance, la risa y la vida de mi vida.

Vivir juntos nada tiene de aburrido y estresante,
vivir casados es en todo tiempo increíble y apasionante.

Que seas mi esposa no tiene nada de asfixiante,
que seas mi esposa es a todas luces un honor vivificante.

Introducción

El hecho contundente de la historia humana dividida en un *antes y un después* dice muchas cosas del personaje que logra tal suceso. Antes y después de él. Definitivamente el Cristo fue un ser excepcional, singular, irrepetible y a todas luces, ejemplar. Su persona como tal fue y sigue siendo un verdadero polo de atracción. Centro de las más disímiles opiniones y de las más diversas aplicaciones de la fe.

Lo interesante es que no surge como el muchachito central de una historia novelesca, fantasiosa y altruista. Primero y principalmente, se deja ver como un personaje histórico. Caminante asiduo de las polvorientas calles de la lejana tierra santa. Treinta y tres años vivió bajo las mismas leyes que rigen la vida de todos los mortales. Es justamente en ese contexto en el que su luz lo eleva por sobre el resto, y lo destaca al punto de adjudicarle la responsabilidad de iniciar en la historia un nuevo capítulo.

Alrededor de la figura de ese Cristo, histórico, humano, es que gira todo el argumento de la obra que tienes en tus manos. Lo único que se persigue con estas letras es ir detrás de ese Cristo, caminando y deteniéndose con él. Metidos dentro de la masa de mortales que diariamente iban en pos de su figura. En esa multitud anónima he intentado introducirme. Quiero solamente ver y oír, pero jamás juzgar. Quiero contarte lo que veo e informarte de lo que oigo. Me he propuesto solo relatar algunas circunstancias dramáticas en las que siempre hubo dos involucrados: el Cristo y algún sufriente.

He renunciado a escribir una obra tendenciosa. Lleva mucho tiempo un escrito de estas características como para encima escribirlo con la intención de defender posturas que en sí mismas no harán más que acrecentar las distancias que ya existen entre nosotros. No necesitamos exponer más argumentos que afirmen las divisiones, profundicen las heridas y justifiquen aun más guerras. Necesitamos actos que aglutinen y vuelvan a producir el milagro de reunirnos. No encontrarás en estos renglones alguna defensa a favor del Cristo que todo y a todos hace prosperar. Mucho menos podrás detectar argumentos a favor del Cristo que siempre sufre.

De ninguna manera encontrarás señales del Cristo especializado en prohibir, asfixiar y azotar a sus feligreses. Páginas y más páginas pueden completarse analizando esos diversos actos humanos surgidos de una interpretación de su mensaje. Podríamos juzgar a los que solo hacen dinero con él. Podríamos condenar a los que defienden celosamente a un Cristo que no se defiende. Podríamos disparar en estas páginas fuego pesado en dirección a aquellos que hacen que el Cristo no solo justifique sus guerras, sino que también use sus uniformes bélicos y dispare contra otros mortales sus costosos fusiles de justicia. Es que de mil caminos puede abordarse una figura tan atractiva como el Cristo de la historia. Pero he renunciado a la opción de escribir en esa dirección.

Sin golpes bajos. Nada de lapidar a otros que a su manera creen que a Cristo se le vive como lo viven. Nada de tirar mantos de sospechas sobre otros que no pueden defenderse frente a la fría y cobarde frase acusadora y sospechosa de un muy vendido libro.

Esta obra es solo una apuesta a la sencillez. Quizá porque en lo sencillo está lo efectivo. No se busca más que una cosa con estas líneas: contar de los efectos causados por el Cristo con su obra y su mensaje en personajes comunes, corrientes y cotidianos. Ellos fueron su razón de vivir y su justificación de visitar este, nuestro pequeño y maltratado planeta. No intentamos juzgar a pastores con minúscula, ni a sacerdotes de la duda, ni a feligreses contradictorios, ni a mercaderes de la fe. Solo relatar sin rasgos tendenciosos lo que hizo y también lo que dijo. Solo una caminata detrás del Cristo de la calle y de la gente.

Ese es el todo de esta obra. Un intento de contar a partir de circunstancias históricas plasmadas en las hojas de las Sagradas Escrituras, lo único que el Cristo vino a hacer a la tierra: ayudar a la gente, auxiliarla de tal manera que lograra aliviar sus dolores. Algo dramático le ocurrió a todo aquel que se encontró con él. Apoyados en esa simple tesis a modo de evidencia para iniciar nuestro viaje, quizá no solo también veamos su obra de bien en los mortales del tercer milenio, sino que hasta renazca la esperanza de que el mañana tuyo, mío, nuestro, pueda ser el que todos creemos que debe ser. Mejor y más justo. En todo caso, por lo menos, nos merecemos eso.

Volver a ver

Para traspasar con valentía la frontera de nuestra limitación

Capítulo 

Desde mis doce años y hasta los dieciocho fui intervenido quirúrgicamente en cuatro oportunidades de mis dos ojos. Mis años adolescentes me encontraron con un par de conjuntivas que, habiendo enloquecido, se lanzaron a crecer de manera descontrolada. Desde allí hasta hoy, continuamente unas gotas me ayudan a vencer la irritación propia provocada por las luces, el polvo, el viento o el sol.

Hoy, y ya con cuatro décadas sobre mis hombros, asisto silencioso a ese designio de la vida que, entre otras cosas, cada vez me hace ver con más esfuerzo. Los detalles pequeños, una letra, una aguja, una marca, requieren de mí ahora un gran esfuerzo para ser interpretados. Ahora que sufro de esa limitación en mis propios ojos añoro los días en que ver no era ni un esfuerzo, ni una batalla de cada minuto. Ver, qué lindo es ver. Qué bendito sentido humano es la visión. Cuántas miles de situaciones se graban en nuestras retinas. Cuánto disfrute y cuánto dolor impacta nuestras almas y nos produce eso que observamos. Ver, qué lindo es ver.

Por enfermedad o por ley impuesta por el calendario de la vida, ver borroso es molesto, ver cruzado es peligroso, perder progresivamente la visión es angustiante, pero no ver es indefinible y llena de miedo. De nuevo un caso testigo. De nuevo uno encontrándose con el Cristo. De nuevo un anónimo mortal que recibe los beneficios de un toque maestro.

Una vida abandonada

La escena nos ubica ahora de camino a la antigua ciudad conocida como Jericó. Hacia esa importante comunidad dirige ahora sus pasos el Cristo. Hacia allá va a repartir sus beneficios. Cuántas escenas podemos dibujar e imaginar en Jericó, teniendo como protagonista al Cristo de los milagros. Pero lo que va a suceder no tiene como escenario la plaza central de tan estratégica ciudad. Mientras toda una comitiva avanza hacia la ciudad elegida, la atención se fija ahora en un costado del camino que para llegar a Jericó transita el Cristo.

Es precisamente en ese punto donde va a desarrollarse la escena que nos ocupa en este capítulo. No es en una casa, tampoco en una de las concurridas sinagogas, menos en una perdida habitación de un hospital. Es simplemente a un costado de la ruta principal. El cuadro va a mostrarnos una vez más una cruda realidad. Sin anestesia y sin burdas simulaciones, será una realidad desconcertante, injusta y dolorosa.

Allí se ve a un hombre recostado que literalmente por su padecimiento o dolencia había hecho del costado del camino su lugar habitual de habitación. No tenemos demasiada información de él. Solo sabemos que está ciego y que su condición como tal lo ha obligado a mendigar. Una enfermedad que limita, que roba y obliga a la vergüenza de esperar que otros se dignen a dejar caer en una mano sucia y temblorosa algo, lo que sea para ganarse unos minutos más de supervivencia. Es un ciego anónimo para nosotros los lectores del tercer milenio. Un caso testigo, una muestra lacerante de un triángulo que atemoriza. Triángulo que da miedo con mayúscula. Enfermedad, mendicidad e indolencia social.

Señoras y señores, he aquí una víctima. Una muestra cruda de lo que ya es costumbre en nuestro atribulado globo terráqueo. Un desdichado que no solo le tocó en suerte convertirse en víctima de una enfermedad que limita, sino que, incapaz de valerse por sí mismo, vive en carne propia el poder letal de una indolencia pasmosa que fluye de conciudadanos sumergidos en sus propias realidades y olvidados de las desgracias de sus prójimos.

Un ciego que pasó a ser un espectáculo normal. Una parte conocida del diario vivir de un camino transitado por miles de apurados e insensibles mortales. Es el ciego que duerme en la calle. No hicieron muchos esfuerzos para dejarlo rotulado: "El ciego que duerme en la calle". A nadie sorprende verlo. De hecho, la sorpresa sería constatar que no esté en su querido costado del camino principal. Totalmente ciego. Resignadamente sentado. Dolorosamente mendigo. Desechado y por todos olvidado. Un simple despojo humano, pero eso sí, también un experto conocedor de obligadas y eternas soledades.

¿Quién podrá definir tal sentimiento? ¿Cómo intentar respuestas que alivien las preguntas de un alma en sangrante abandono? Ciego, mendigo y solo. Limitado y denigrantemente dependiente. El que veía, ya no ve. Sus movimientos cambiaron. La omnipotencia y la gracia de aquellos movimientos sanos se desgastaron en la gastada memoria del que alguna vez supo ver bien claro. El que se movía por sí solo, está sentado. El que iba a donde quería, fue depositado en la casa de los inoperantes y limitados. Ahora no va seguro a unos metros de donde está si alguien no llega para guiarlo. Ciego, mendigo y solo.

¿Habrá en el mundo alguien así? Oh, tú sabes que sí, todos sabemos que sí. Carreteras infestadas de locos movimientos. Mortales que van y vienen con una idea fija: producir para tener, para valer y para ser felices. ¿Quién tiene tiempo para darle a un prójimo? Un niño golpea los vidrios de nuestros autos en una esquina aturdida por los ruidos de la gran ciudad, extiende una mano y dice en un segundo:

–Necesito de ti lo que quieras darme.

Como toda respuesta, vidrios cerrados, seguros activados, sospecha prejuiciosa, un niño que intenta en uno, otro y mil desconocidos autos más.

Una mujer sentada a la puerta del gran templo, la mano extendida en sostenido esfuerzo, su niño al pecho sorbiendo el preciado alimento. Como única respuesta, indolencia, rostros formateados en supuesta espiritualidad, bolsillos cerrados, y por ahí, alguna moneda que cae a unos metros de ella. Imágenes cotidianas con personajes que se hicieron costumbre en las retinas de los diarios protagonistas de la telenovela de la vida.

Tercer milenio, también vigente con sus incontables ciegos, mendigos y solos, muy solos. Son hombres y también mujeres; son profesionales y también obreros; son ricos y también son pobres; son muchos y están allí, con nosotros y frente a nosotros, todos y cada uno de nuestros preciados días. A un costado del camino de la vida. Mendigos aceptados. Pordioseros de un pedazo de felicidad que sacie el hambre de sus almas en constante búsqueda. Mendigan pan y también amor. Mendigan dinero y también respeto. Mendigan trabajo y también atenciones. Mendigan salarios y también cuidados. Mendigan vestidos y también un "te amo". Mendigan casas y también compañía. Mendigan proyectos y también caricias. Mendigan autos y también algún abrazo. Viven al costado de sus propios caminos.

También para ellos la ley se aplicó sin anestesias. Ceguera, mendicidad e indolencia social. Qué hacer, qué decir, adónde ir, a quién recurrir son solo muestra de las grandes batallas del corazón de cualquier ser humano. Es el mundo de las multitudes integradas por solitarias individualidades. Así como el ciego de ayer, tenemos nuestros ciegos hoy. Están por todas partes, quizás hasta uno de ellos es el lector de esta obra. Tan poderoso fue el problema que al abandonarse a sí mismos no vieron nunca más una puerta nueva que se abre delante de ellos. Decidieron sentarse, echarse al costado de sus sueños hechos trizas y se hicieron mendigos, pordioseros, pedidores profesionales de la vida que asesinando su orgullo propio se quedaron allí, al costado, viendo pasar la vida y llorando muy tristemente sus propias limitaciones.

El día no esperado

Todo enfermo de gravedad espera que un día llegue su remedio, su solución. Tal expectativa le ayuda a estirarse hacia delante en el calendario en paciente espera. Es una inyección de esperanza directa a sus venas y su corazón. Legítimo, lícito, justo y tan humano, no dejar morir las esperanzas. Seguir creyendo contra toda esperanza. Creer "a pesar de". Esa es la marca de miles en lucha cuerpo a cuerpo con sus males y dolencias. Héroes en confrontaciones anónimas y diarias con el lecho de sus dolores. Batalladores en pie de guerra contra microscópicos enemigos que se comen sus células. Así día tras día. Hasta que cansados de no ver respuestas se hacen escépticos, incrédulos. Hasta razonan diciendo: "Es que después de tanto tiempo todo se agrava, todo es peor".

El ciego no fue la excepción y se quedó a vivir al costado del camino mendigando para seguir viviendo. Así es hoy, ciegos y mendigos contemporáneos; tan pesado es el problema que somatizaron sus virus y se quedaron inmóviles, sin fuerzas y sin ninguna motivación para seguir luchando. Para el ciego pasaron a la historia los días de intentar valerse por sí mismo. Una historia que no iba a cambiar. Ciego y mendigo.

Por eso, no cabe dentro de sí mismo cuando se entera de que a solos unos metros de su casa, al costado del camino, camina nada más y nada menos que el Cristo que vino del cielo. Él sabía que su vida jamás podría cambiar, su realidad era la ceguera, la mendicidad y la indolencia social. Hasta el día que oyó a lo lejos un ruidoso griterío, era el típico coro de acompañantes de cada aparición del Cristo. Pregunta una y mil veces a sus ocasionales acompañantes, y ahora está más que seguro, el Cristo está al alcance de su mano.

Era su día no esperado. No esperaba sanidades, tampoco prosperidades, menos la atención de prójimos y muchísimo menos que el mismo Dios bajándose del cielo viniera a pararse frente a su realidad tan miserable. Lo que no pensó, lo que no esperó, lo que no pidió, todo junto caía como lluvia fresca en su día menos esperado sobre su persona por todos olvidada.

Todos tenemos un monstruo con el cual luchamos. Muchos seguimos dando batalla. Muchos han hincado ya la rodilla y no esperan sino que todo vaya de mal en peor. ¿Te has puesto a pensar que hay para todos un día que no esperamos? Acostumbrados al maltrato. Acostumbrados a no ser atendidos. Acostumbrados a ser odiados. Acostumbrados a no tener apoyo de los hijos. Acostumbrados a primero ser juzgados. Acostumbrados a esa costumbre que no espera en el futuro recibir lo no esperado.

Por todo quizá no sería mala idea que volvamos a ponernos de pie para dar batalla a esos monstruos omnipotentes y personales; es posible que lo que no esperamos, lo que no deseamos, lo que no pedimos, se presente delante de nosotros para hacer entonces la gran diferencia.

Cambio dramático

Así que el día llegó para nuestro querido ciego, mendigo y rotulado social. Sentado en su casa del costado del camino, uno tras otro fueron desfilando contándole las hazañas del Cristo en otras tierras. Su imaginación fluía al máximo de su potencial en mil intentos por construir en su mente la imagen del Cristo descrito por anónimos transeúntes.

Pero eran solo eso, imágenes torpemente elaboradas. No podía ver, no podía representarse una fotografía del hacedor de milagros, no vio su altura ni el largo de su barba y sus cabellos. No podía ver, no lo había visto nunca, solo imágenes lejanas e inciertas de cómo sería el hombre de su esperanza. No podía ver, pero sí gritar y eso es lo que se dispuso a hacer. Gritó, gritó y gritó tan fuerte como pudo. Por encima del gentío que acompañaba al Cristo, se escuchó una voz.

Era la del eterno ciego y mendigo que, para sorpresa de todos, no clamó por sanidad que en todo caso hubiera sido lo más lógico, sino que gritó por un poco de misericordia. Quizá descreído ya de volver a ver algún día. Quizá acostumbrado a que todos pasaran de largo y lo dejaran con la mano extendida. A qué punto puede condenarse a un ser humano que llegue al momento en que no le importe el ser sanado, sino que solo desee ser atendido, importarle a alguien, saber que no es algo, sino que es alguien para quien se digne a detenerse.

"Quien lo diría", pensó uno de los que se detuvo a metros del ciego. El mendigo está de pie frente al mismo Cristo. El hacedor de maravillas se había detenido a causa del grito de uno que no veía, pero sí poseía un exacto sentido de la oportunidad. El Cristo se detuvo por la voz de un hombre que no pedía milagros, sino atención y misericordia. No había ningún crédito a favor del ciego. Ni era un ilustre señor de la política, ni un orgulloso acaudalado de la alta sociedad. Ni un respetado pensador de la vida, ni un encumbrado líder religioso.

Fue la voz de un hombre que no tenía nada como para mostrarse omnipotente, ni menos autosuficiente. Un hombre sin contactos ni influencias. Un hombre que todo lo perdió y tan solo conservó un vestido, un bastón y unas cuantas monedas. Él y su realidad, y nada más para mostrar de frente al Cristo que admirado lo consulta:

–¿Qué quieres que haga por ti?

Ni todo el dinero del mundo alcanzaría para ver este encuentro tan dramático. Ni el mejor coordinador de encuentros hubiera querido colocar a un ciego y mendigo charlando diez minutos con el Cristo. Sin embargo, el hombre está ahora en su oportunidad más inesperada, en el encuentro más soñado, pero el menos aceptado. Su respuesta entonces no se hizo esperar:

–Rabí, quiero ver.

Al cabo de unos cuantos segundos el ciego y mendigo que vivía al costado de un camino celebra la más increíble de sus fiestas. Saltando hasta tocar el mismo cielo, riendo y gritando hasta aturdir a sus pasmados observadores, celebra agradecido el don de volver a ver. Un momento, un grito, un toque y todo fue hecho nuevo. El día que no esperaba vivir jamás, no solo lo vive, sino que es el día en el que acaba de ser colocado en el centro de la escena de un pedazo de la historia. El que era ciego ahora ve. El que era mendigo ahora se procura su propio sustento. El que era un despreciado social ahora es reconocido y celebrado.

De un hombre que solo podía mostrar ceguera, vergüenza, dependencia y una humilde y maltrecha ropa, surge un ejemplo de determinación y esperanza. El ciego ve, dejó su silla al costado del camino, rompió las cadenas de la dependencia limosnera, se puso de pie sobre la indolencia social y volvió a ser feliz.

No puedes ver, pero puedes gritar
Autoconvencido de morir ciego, mendigo y rotulado insensiblemen-

te por la sociedad de su tiempo, se encontró con lo que no esperaba. Ciego, limitado en movimientos. Ciego, limitado en pensamientos. Limitaciones de toda clase lo dejaron postrado al costado del camino. Miedos, vergüenzas, prejuicios. Terror a intentar vencer lo que todo el mundo dice que un ciego no puede ni debe. No podía ver, pero sí podía hablar y aun gritar.

Dos caminos se abren delante de nosotros. Ceder a la suma de mis limitaciones, entonces el resultado será inoperancia y perpetuo estancamiento. Así seré como muchos en la tierra. Limitado para hablar. Limitado en la manera de expresarme. Con vergüenza de pararme y hablar en público. Avergonzado por el color de mi piel. Con limitaciones paridas por insolentes prejuicios y vergüenzas. Mi cara invadida de una molesta irritación. Una pierna más corta que la otra. Una mano transformada en escondible muñón. Mis conjuntivas enrojecidas por molesta degeneración. Mi cuerpo pesado por una asfixiante obesidad. Mis ojos muertos desde niño al don de la visión. Mi cuerpo paralizado de los pies al esternón.

Límites impuestos. Límites que obligan al encierro y a la desazón. Demasiados mortales que se suben al camino de la abdicación, o el camino donde rendirse parece ser la más acertada decisión.

Pero otro camino también está abierto esperando que aumente el número de osados valientes que, determinados a no morir en las fronteras de su propia limitación, hayan decidido saltar la cerca, derribar la reja del estancamiento y, erguidos, correr el resto de sus carreras con ejemplar determinación. Los que se atreven a esto siempre encontrarán dentro de ellos mismos un potencial, un resto, un pedazo de habilidades sin estrenar todavía. El ciego era ciego, pero ese día descubrió el poder de sus pulmones en un ensordecedor grito de transformación. Siempre hizo lo mismo. Pedir, pedir y pedir. Solo supo decir:

–Una ayuda para el ciego, por favor.

Siempre en voz lastimera y casi silenciosa. Pero llegó el día en que soltó un poder escondido. El poder de su grito. El poder de su desvergonzada determinación. Poco y nada le importaron las recriminaciones, ni menos las demandas de silencio venidas de insensibles mortales que sostenían que un ciego, sucio y mendigo no podría ser motivo para que el Cristo detuviera su marcha. El hombre gritó y su grito fueron sus ojos. Su determinación lo salvó de su limitación.

Aprendamos sabiduría de una polvorienta calle de la santa y lejana tierra. Hay algo dentro de ti escondido, hasta asustado, pero que espera su hora para salir. Siempre encontrarás algo en ti que no se adecua al juicio de los terceros. Atiende a esos mortales y te quedarás al costado del camino de tus propias limitaciones e imposibilidades. Siempre encontrarás dentro de ti un arma no utilizada. Un recurso no estrenado. Una capacidad no trabajada. Es por eso que no debes jamás fijar tu visión en lo que no tienes y en lo que no puedes. Enfócate en lo que todavía tienes adentro. Y también, ¿por qué no? Enfócate en el Cristo de toda inspiración. Algo tiene este Hombre que activa dentro de nosotros eso que hasta el encuentro con él estaba como dormido.

Ciego y mendigo, decidió no comportarse como tal, sino que con total desenfado y sagrada insolencia pateó el formato que la indolencia social le había asignado, y dejó salir lo que en años de ceguera, limosnas y camino permaneció escondido. Un constante batallador de la vida. Un sabio lector de las oportunidades que la vida le presentó. El ciego y mendigo gritó, y ese segundo de potente expresión le regaló ojos nuevos y vida nueva de constante producción.

No pudo ver al Cristo, pero sí pudo gritarle, y su grito fue su salvación. No lo vio, pero con un grito lo detuvo. Mil dramas se complotan para hacer bien borrosa tu vida y tu visión. Mil juicios sociales te etiquetan y te convencen a morir estancado y sin pasión. Mil limitaciones quieren justificar tu inoperancia y tu falta de entrega y determinación. Pero recuerda que por mil de ellos, hay mil recursos no probados aún. Por mil de ellos, hay mil armas y maneras no ensayadas hasta hoy. La mejor de todas, gritarle al Cristo para que se detenga y active el progreso que te lleve a la esperada transformación.

Solo un llamado al Cristo y la cárcel mental que te obliga a aceptar el no poder abrirá sus rejas te dejará el camino libre para ser lo que siempre soñaste ser.

Mirar al piso

Para que una **derrota** no nos obligue a mirar siempre hacia abajo

Capítulo

Vivimos rodeados de un universo cargado de mensajes de todo tipo. Un sinfín de opciones permanecen activas a la hora de comunicarnos. Nubes, vientos, pájaros, personas, todos giran en una rueda única y gigantesca que por cada milésima de segundo emite mensajes intentando establecer comunicación con el medio. Es un mundo en constante comunicación, y allí, en el medio, aparecemos nosotros, los seres humanos. A veces tan expertos en cortar los contactos, o simplemente en interrumpir las comunicaciones. Los increíbles e insuperables seres humanos.

Cada uno de nosotros somos poseedores de mil facetas y otros tantos potenciales. Los humanos, que en materia de comunicarse con el prójimo somos capaces de echar mano a tantos recursos, tantas formas. Mire si no es así. Somos de hablar y por cada una de nuestras palabras, se activará una sinfonía de gestos que las acompañan en el proceso en que es enviada a ocasionales destinatarios. Gestos, unidos para hacernos saber un mensaje, una circunstancia, una experiencia, un pensamiento, una posición. Es la contundencia y plenitud de un mensaje que más que por las palabras se confirmará también por una infinidad de formas gestuales.

Y si de dar un mensaje se trata, las posturas son definitivamente comunicadoras excelentes y necesarias por naturaleza. Todos hemos utilizado alguna vez los recursos del mensaje gestual. No solo nos comunicamos por palabras. Un mundo de gestos incorporados en todos y cada uno de nosotros son los recursos necesarios que también necesitamos utilizar para enviar mensajes precisos.

Sentado contra un rincón de la habitación, la mano derecha apoyada sobre su rodilla, sostiene una cabeza despeinada, tiene su mirada perdida en el piso, ¿qué es eso?... solo la suma de rasgos y movimientos que dicen que aunque no medien palabras, el hombre está más que preocupado, posiblemente desesperado, por qué no decepcionado y angustiado. Acaba de quebrar su empresa, de morir el ser querido o de escuchar que su cuerpo ha contraído una maldita y mortal enfermedad terminal. Bastan solo unos cuantos gestos y el mensaje habrá sido captado.

Nuestro cuerpo responde como un todo a la hora de comunicarnos. Note entonces cómo universalmente se acepta que "erguidos" es una inequívoca posición de triunfo. Es la típica postura que denuncia victoria. Es en sí mismo un mensaje claro a la vida. Se le va a presentar pelea, se aceptarán todos sus desafíos y se enfrentará cada uno de ellos; aunque se muera en el intento, habrá batalla. Los erguidos son los que ganaron sus batallas. Por otro lado, el mensaje universal de los gestos dice que "encorvados" es la dolorosa e indignante posición de la derrota.

Estar encorvado denuncia que –producto de mil causas– alguien se ha rendido ante los problemas de la vida. De alguna manera no solo aceptó su derrota, sino que decidió vivir así, encorvado, masticando de por vida el sabor agrio y amargo del fracaso. Millones pueblan nuestras ciudades. Los hay erguidos y también encorvados. Encorvados, siempre mirando al piso, siempre observando hacia abajo. Siempre sufriendo el dolor de no poder mirar hacia arriba y desde arriba.

Hay una sabiduría que soluciona problemas escondida en el relato que a continuación se presenta. Demos paso a los actores. Por un lado, simplemente una mujer. Anónima y por qué no también ignorada. Una más de las miles que surcan las calles del mundo cargando sus dolencias. Una más con una enfermedad que no solo quita la salud, sino también la dignidad. Una mujer como cualquiera de las nuestras en cualquiera de nuestras naciones. Y, por otro lado, el Cristo. El Embajador del cielo. El que vino de arriba para dar una mano a los de abajo. El que una vez más y como era su marca registrada hace todos los arreglos para transformar la vida de un ser humano para siempre.

Enferma de verdad

Las imágenes van tomando forma en los atrios de la gran sinagoga. Es la dueña del típico bullicio de piadosos feligreses que cumplen con sus obligaciones religiosas. Sinagoga que va llevando a cabo sus cotidianos rituales y en la que cientos de devotos mortales buscan respuestas a necesidades concretas y hasta al parecer eternas. Siempre el inconfundible ruido de gente yendo y viniendo de un sector al otro del sagrado santuario. Unos que vienen llegando. Otros que ya han emprendido el regreso. Otros que simplemente permanecen allí porque estar allí se les hizo costumbre.

Sinagoga. Paso obligado de prácticamente todo ciudadano de esas comunidades. Punto central, estratégico, amado y profundamente respetado. Escenario de un sin fin de experiencias. Epicentro de mil historias tejidas por otros tantos hombres y mujeres que respetuosa y religiosamente se daban cita en sus añosos atrios. Es la sinagoga por todos conocida. Lugares cerrados y otros abiertos conformaban la arquitectura del santo lugar. Hasta donde se pudiera y fuera permitido, toda clase de personajes confluían entre sus paredes. Sabios, maestros, enfermos, afligidos, charlatanes y curiosos. Un mosaico de personas y situaciones de vida. Un abanico interminable de expresiones de las realidades humanas más insólitas. Voces, corridas, piedad, cantos... y un sin fin de prácticas piadosas construían las imágenes diarias de uno de los lugares más concurridos de toda la ciudad.

Una quieta observación nos regala a infaltables y hasta típicos personajes tan cotidianos ayer como hoy en nuestros propios, sagrados y modernos templos del tercer milenio. Son los buscadores de limosnas. Endurecidos por la gruesa insensibilidad de la vida, están allí cual imágenes fantasmales en su eterna espera por un poco de nada para seguir existiendo. También por allá los eternos sedientos de fortaleza para sus agobiados espíritus, ocupan su lugar en la escena, deambulan respetuosos y silenciosos entre las añejas paredes de la gran sinagoga.

Finalmente están esos otros, los necesitados de encontrar alivio en el poder de las palabras de un maestro. Allí están, armados de una paciencia ejemplar, siguen allí porque quizás ese día Dios les deje caer en sus corazones la frase que cambiará sus vidas y renovará las esperanzas de volver a vivir. Cientos y cientos, integrantes de una multitud que se multiplica y renueva cada jornada. Una masa de gente excesivamente impersonal, pero ejemplarmente piadosa, circula esperanzada por los pisos más caminados de la religión de aquellas comunidades.

No obstante, la multitud de gente se mueve ansiosa de un lugar a otro, y se logra distinguir justo hacia los costados de ella la figura de una mujer. Una simple desconocida y definitivamente anónima mujer. Está vestida con sus eternas mismas ropas. Se para y se sienta en el mismo lugar. Pararse y sentarse, su más doloroso y monótono ritual. A lo lejos puede igualmente adivinarse quién es. Ya es el personaje típico y clásico de la concurrida casa de Dios. Dueña de una figura inequívoca, irrepetible. Es la mujer tocada por la vida más que con una bendición, con un estigma, una marca. Es la mujer portadora de una atroz dolencia física que la condenó y le impidió para siempre pasar inadvertida.

Lleva años en esto y con esto. Su sola y casi grotesca figura eran suficientes para que la multitud le abriera paso inmediatamente. Marcada por el látigo maldito de una enfermedad insolente, su columna vertebral quedó doblada para toda su vida. Una mujer marcada, y su marca no fue sino una cruel humillación. Condenada a caminar para siempre en mala posición.

Señoras y señores, he aquí una mujer en tormento permanente. Ni un apretón de dedos en la puerta de la cocina. Ni un pisotón descuidado en un pie herido. En todo caso estos dolorosos ejemplos, por cierto, no son más que simples cosquillas al lado del padecimiento interminable de esta singular mujer. No fue un mes, tampoco un año, sino dieciocho eternos años, o doscientos dieciséis meses, o seis mil quinientos setenta días mirando la vida siempre hacia abajo. Eso sí que es una infinita cantidad de tiempo. Tiempo de mostrar y sufrir su azote crudamente visible e indescriptiblemente agonizante.

Definitivamente, un dolor de muelas de tan solo unas horas es para nosotros una definición de eternidad, pero dieciocho años de vivir y andar encorvada, no tiene palabras. Una mujer que quería vivir en pleno uso de sus capacidades fue obligada a trasladarse agachada. Sentenciada a vivir doblada.

He aquí a alguien que supo de mil intentos por doblegar su dolencia. Día tras día, jornada tras jornada, de pie frente a mil puertas, buscando surja la respuesta para un mal que sin contratiempos fue doblando su espalda y agachando su delicada cabeza. Supo de intentos y también de fracasos. Supo de esfuerzos y crudas comprobaciones que una y otra vez se turnaron para golpear su cara sin respeto ni escrúpulos. Cachetadas hirientes golpearon su deseo de no rendirse, fueron sucediéndose una tras otra, y le confirmaron que todos sus intentos habían sido en vano. Cuánto dolor en simples, impensados y cotidianos movimientos.

Crecía el dolor y, con él, el miedo de intentar mantener la deseada verticalidad de su cuerpo. Intentar y no ver resultados se hizo lo habitual y más común en los esfuerzos de la anónima mujer de la columna doblada.

Una enfermedad indignante

Así están las cosas, respetados lectores. Una mujer con su espalda encorvada. No sabemos exactamente la causa clínica de su enfermedad. Se dice solo que un espíritu extraño y con nada de bondad hizo de las suyas en la infortunada mujer: la mantuvo doblada por dieciocho años. Pero ese es el punto aquí. Por una u otra causa, lo real es que llevaba dieciocho años doblada por la mitad de su columna vertebral.

Qué actual, qué moderno. Cuántos mortales fueron obligados a caminar encorvados. Cuántos a los que se le mataron los sueños. Cuántos que siendo saqueados en su honor y dignidad vieron escapar sus fuerzas y recursos para quedar desarmados y expuestos a crueles verdugos del tercer milenio. Esta mujer representa a *las mujeres y los hombres de nuestra avanzada y moderna era actual*.

Los males humanos cambian de fechas, pero no de efectos. Diferentes calendarios, las mismas consecuencias. Cambia un número, pero no cambia el producto. Una misma música, ejecutada por distintos instrumentos, pero que siempre suena a lamento. Una mujer anónima y encorvada nos sirve como parábola. Quédate quieto, mira y aprende lecciones que transforman la vida.

Quién pudiera relatar los procesos internos, secretos de un enfermo de tan atroz enfermedad. No poder caminar libremente y por sí sola. No poder correr, subir ni bajar escaleras. Una mujer convertida en la eterna buscadora de un asiento para desplomarse en él con toda incomodidad. Golpeada en su libertad individual. Herida de muerte en su derecho a valerse por sí misma.

Señoras y señores: qué apreciada es la bendición de poder moverse por medios propios. Por otro lado, cuán denigrante resulta el hecho de depender de otros para avanzar unos insignificantes veinte centímetros. Una mujer que tiene manos y piernas, pero no puede usarlas para su subsistencia. Cómo duele vivir de la misericordia de familiares y amigos. Cómo duele no poder ganarse la vida por sus propias manos. Una mujer que mira su futuro siempre a baja altura. Impedida de poder ver más allá de lo que su columna encorvada le permitía.

Pensar en ella, en su cuadro de dolor y humillación. Observarla caminar, en lucha constante con mil dificultades. Verla con sus manos por detrás de su cintura, encorvada y obligada a mirar la vida siempre hacia abajo, nos coloca irremediablemente en las sinagogas de nuestro tercer milenio. Más que templos, circunstancias de la vida. Más que sinagogas, jornadas diarias de mil batallas humanas. Más que paredes sagradas, carreteras, centros financieros y casas, conocidos y habituales epicentros de vida y encuentros de los humanos de estos días. Tú, yo, todos cansados de intentar y pocas veces lograr. Tú, yo, todos, también experimentados en esfuerzos cotidianos que solo desembocan en continuos y omnipotentes resultados vanos. Pelear y perder. Luchar y caer. Ir por victorias y volver masticando derrotas. Pasan los años y el poder de los látigos de la injusticia nos obliga a agachar la cabeza, a no mirar con esperanzas un futuro que fue cambiado por un presente abarrotado de circunstancias que invitan a la desesperanza.

Al fin libre

Una mujer fue obligada a mirar la vida hacia abajo. Se acostumbró a contar las piedras del camino de su suerte desgraciada, y ya no supo cómo eran las estrellas de su futuro de grandeza. Siempre así, hacía dieciocho años. Así también en esa jornada monótona, igualmente parecida a todas las vividas hasta ese día en la sinagoga. El mismo lugar, la misma mujer.

Pero a cada rutina le espera su sorpresa. No tiene por qué ser siempre igual cada jornada. No lo fue ese día para la mujer de la espalda doblada. Justamente fue en esa jornada que descubrió que su espalda seguía igual, pero el ambiente de la casa de Dios había sido inequívocamente modificado. Algo cambió en la atmósfera. El bullicio no supo igual que siempre. Las corridas y los gritos sonaron cargados de una excitación como hacia años no se escuchaba. Algo... o alguien había marcado una diferencia.

Ella no quiere perderse lo que ocurre, ya ha escuchado que un increíble visitante había hecho su entrada en la añosa sinagoga. Moviéndose al extremo de la dificultad, girando con esfuerzo su espalda siempre encorvada, se puso de pie apoyándose en esa pared, su amiga de hace dieciocho años. Es de admirar su entereza. Mírenla, de nuevo está sobre sus pies y mirando su pared. Pero es distinto, se alcanza a adivinar la esperanza en sus ojos. Ojos que con tanto esfuerzo solo alcanzan a divisar la cintura de un hombre que acaba de ponerse de pie frente a ella.

Señoras y señores, habría que congelar ese momento y capturarlo para regodeo de artistas de toda clase. Momento que debe ser inmortalizado. De pie, el Embajador del cielo, y a su lado la mujer que por dieciocho años caminó con su espalda doblada.

El que hace nuevas todas las cosas acaba de posar sus ojos en la mujer que no puede devolverle la mirada. Miren la luz en el rostro de la desdichada mujer. Ella sabe que su rutina acaba de ser modificada. Sabe que su dolorosa y doblada monotonía acaba de recibir su golpe de gracia. El Cristo ha decidido hacer algo a favor de ella. Por un fugaz instante se dijo para sus adentros que quizá no había nada en su persona que lograra que los ojos del Cristo se posaran sobre ella. Qué fuerte puede ser la obra de una enfermedad en un ser humano. No era solo un cuerpo doblado, sino una autoestima por el piso. La escena se redujo a solo dos personas. La multitud se detuvo y fijó su vista en el Cristo y una mujer con su espalda encorvada.

El Embajador del cielo la vio e interpretó su interminable cansancio. Reparó en su lucha y deseo oculto de ser restaurada. Así que la miro, la llamó y le habló. Hay palabras que enferman, pero también hay palabras que sanan. Se escuchó decir en el hall principal de la sagrada sinagoga una declaración que erizó la piel de todo el ocasional auditorio:

—Mujer, quedas libre de tu enfermedad.

¿Libre le dijo.? ¿Libre? ¿No debería haberle dicho... quedas sana? Pero no hay errores de semántica. Ni el Cristo confunde los conceptos. Ser sano es bueno, ser libre es superior. La libertad incluye siempre a la sanidad. ¿De qué sirve un cuerpo sano con un espíritu en esclavitud? ¿De qué vale estar sano en lo físico y permanecer atado en el ser interior? No solo fue sanada, sino mucho más, fue libre. Libre no solo de la enfermedad física, sino también y principalmente de las realidades vergonzosas a las que la enfermedad la sometió. La enfermedad es también un azote que condena a vivir en función de ciertos paradigmas que acomplejan, rebajan y avergüenzan.

Dieciocho años doblada, ¿cómo crees que estaba su autoestima? El resultado dejó a todo un auditorio sin palabras. Se dice que se enderezó de manera tan contundente y dramática que nadie pudo evitar lanzar expresiones de júbilo a Dios como hacía tiempo no se oían en aquel sagrado centro espiritual. La mujer doblada, quedó derecha. Bastaron un toque y una palabra. Erguida de nuevo, llenó con sus gritos de exaltación y alegría no solo el templo, sino también todo el vecindario.

El Embajador del cielo acababa de cumplir de nuevo con la misión que le fue encomendada. En tan solo unos segundos, no solo devolvió a una anónima mujer una columna erguida. En un abrir y cerrar de ojos también le reintegró la movilidad, reconstruyó su capacidad de servicio, le renovó su visión de la vida y la elevó de nuevo a cumbres de dignidad.

Erguidos a partir de hoy

Estoy consciente de que tendré dos clases de lectores frente a estas letras. Unos de ellos son minoría, los otros una gran mayoría. Minoría, aquellos que no tienen literalmente el mal espinal que aquejó a esta sufrida mujer. Mayoría, aquellos que han sentido y experimentado el lado severo de la vida. La vida que con su arsenal de circunstancias duras e injustas ofició cual verdugo obrando en su persona, su mundo y su familia. Mayoría son los mortales a quienes los problemas de la vida los ha encorvado. Sé que varios de ellos tendrán ante sus ojos sedientos de lectura estas historias de contundentes transformaciones. Es posible que tú seas uno de ellos. Algo ha doblado tu espalda. Solo tú conoces tu historia. Eres parte de un innumerable ejército de mortales que fueron sometidos y obligados a rendirse. Van por la vida lacerados y enfermos en su espíritu. Caminan las calles de la vida sin animarse a mirar la vida de arriba. Ya no creen que volverán a ver de nuevo un horizonte de esperanza. Están doblados mirando el futuro como un *suelo* de derrotas. Llevan mucho tiempo así... llevas mucho tiempo así. Obligado a mirar siempre hacia abajo.

Un sistema injusto e inhumano te ha robado años de esfuerzos y sueños bien habidos. Quien mira para abajo no ve el futuro; solo asiste diariamente a la danza que sus ojos ejecutan con el polvo de su fracaso.

Es allí cuando se suman y describen razones y situaciones por las cuales se justifica seguir y morir mirando hacia abajo. Es allí cuando pensar solamente en esperanzas se vuelve un sueño sin fundamento. Como la mujer de la sinagoga con su espalda encorvada. Tú, yo, miles. Alguna vez estuvimos así y volvimos a enderezarnos. De nuevo erguidos, de nuevo dispuestos a presentar batalla. Pero también hay de los otros… y son demasiados. No solo estuvieron, sino que según parece, seguirán así. Azotadas por esposos insensibles. Obligadas a callar y bajar su mirada. Azotados por hijos insolentes, agresivos y autosuficientes. Azotados por dirigentes omnipotentes que, erguidos en su soberbia, los subyugan y condenan a mirar hacia abajo y comer como animales de lo que encuentran en sus suelos de desconsuelo e indigencia.

Son millones, posiblemente tú eres uno de ellos. Azotado y abusado. Integrante de un concierto de imágenes fantasmales que te muestra por fuera bien derecho y sonriendo todo el tiempo, pero por dentro temblando lloroso, temeroso y encorvado.

Bienvenida sea la oferta de este capítulo. Encorvados hasta hoy, pero no encorvados desde hoy. Doblados hasta aquí, pero no doblados para mañana. Rendidos y fracasados hasta hoy, pero erguidos para construir victorias a partir de hoy. Hasta hoy y a partir de hoy. Doblado hasta hoy, pero erguido a partir de hoy. Dos tiempos. Y en medio de esos tiempos, la batalla más cruel pero más ganable que ninguna. Seguir como no quiero hasta hoy, o seguir como deseo para mañana. Encorvados, suma de infinitos detalles de dolor y de impotencia. Lugar para dejarse morir u oportunidad para empezar de nuevo. Doblados, jornadas interminables donde nos decimos a nosotros mismos: "¡Lo hemos probado todo!" y justificarnos la negación a nuevos intentos.

Encorvados, doblados, fracasados, es también el momento para comprobar que siempre se volverá a abrir la puerta a lo nuevo y lo no conocido. Hay para todos nosotros un acopio imponente de sorpresas escondidas y reservadas para magnas ocasiones. El Embajador del cielo fue la sorpresa inesperada para la mujer que caminó por dieciocho años con la espalda doblada. Él era lo que la mujer aún no había probado.

Posiblemente seas uno de los tantos que no han probado con el Cristo todavía. De ser así, entonces no lo has probado todo. ¿Por qué no? Las palabras del Embajador del cielo resuenan potentes ofreciéndose a ti en incondicional oferta. Un toque y una palabra y la mujer doblada miró erguida la vida una vez más. Hay esperanzas. Erguido o encorvado. Tú decides. No pierdes, solo ganas.

Aunque no lo creas

Para que salgamos con vida de la tumba de la **incredulidad**

Capítulo 3

Amanece y se pone en marcha uno de esos días que quedarán por siempre marcados en el calendario de la raza humana. El día en que el Cristo va a llevar a cabo uno de sus actos más impresionantes. No se trata esta vez de multiplicar un par de panes y algunos insignificantes pescados. De nuevo el espectáculo de siempre. Cientos y cientos que salen al encuentro del que vino del cielo. Gritos, codazos, empujones, excitación al por mayor tratando de controlar la masa que ansiosa espera una nueva intervención del Cristo a favor de sus desgracias.

La historia nos lleva ahora a la entrada misma de una de las tantas ciudades que marcó el Cristo con su obra. Allá va entrando el Cristo cuando una especie de comité de bienvenida sale a su encuentro. Lidera el grupo una mujer; según dicen, es la hermana de un muchacho que dejó de vivir hace tan solo cuatro días. No hubo salutaciones bañadas de risas. Solo rostros parcos, grises... y el enojo podía leerse en el rostro de la atribulada mujer.

Se adivina cierta confianza entre ellos. Parece ser que se conocen hace tiempo y que hubiera una amistad de años que los une. No obstante, cada una de las palabras que la mujer dijo no sonó a alegría de reencuentro, sino a recriminación por haber llegado tarde. Vaya carácter el de la mujer. Le está gritando al mismo Cristo, lo acusa por alguna razón de no haber llegado a tiempo.

El silencio se apoderó de todos los que estaban allí para esas horas. Rápidos y cortos comentarios corrieron de boca en boca en cuestión de segundos. Hay una mujer indignada y todos quieren escuchar lo que dice. Dispara sus palabras cual misiles a la cara del mismo Cristo. En una de sus manos sostiene un pañuelo que hace días la acompaña a sol y sombra, y su otra mano gira hecha puño peligrosamente en vuelos rasantes frente a la nariz del Cristo. Nadie duda que en cualquier momento pudiera golpearlo en el pecho. El Cristo solo permanece en silencio con profundo respeto frente a la más loca bienvenida que jamás le hayan dado.

—Si hubieras estado aquí, mi hermano no habría muerto —es lo que se dejó oír de la boca de una mujer desesperada.

Una vez más, señoras y señores, se le ha hecho a Dios culpable de una desgracia. Tan común, tan humano, tan nuestro, tan viejo eso de encontrar en Dios al responsable de nuestros males. Ahora los ojos de todos se clavan en el Embajador del cielo. Qué respuesta ensayará frente al dolor concreto de una mujer que encima sostiene que el mismo es responsabilidad de él. De nuevo la expectativa aumentó, el silencio se hizo dueño y señor de la circunstancia, y la multitud se relame ensayando posibles respuestas del Cristo a tan dura estocada. Inmutable, como tomándose todo el tiempo del mundo, el Cristo siembra el desconcierto en todos los presentes en tan singular escena:

—Tranquila, *tu hermano resucitará.*

Horas antes había dicho:

–Lázaro duerme, pero voy a despertarlo.

¿Resucitar? ¿Duerme? ¿Despertarlo? ¡Si está muerto hace cuatro días y ya huele a muerto y descompuesto! Vaya escena y vaya infinidad de comentarios que al instante se desataron ante tamaña afirmación. Por favor, miren el rostro del que vino del cielo. No está asustado, ni menos preguntándose: "Hum, ¿qué dije?" O "¿y ahora qué hago?" Cuánta seguridad. Todos a punto del pánico a su alrededor y él parado sobre cemento, seguro, estable y más dispuesto que nunca a hacer de esa jornada un día inolvidable.

Así que no solo dijo algo para el desconcierto, sino que ahora toma suavemente del brazo a la mujer y pide que lo lleven al lugar donde había sido colocado el cuerpo del infortunado muchacho. Para alquilar balcones y quedarse a ver el espectáculo en primera fila. ¡Qué momento! La excitación fue en aumento. Se hizo correr la voz de inmediato. ¡El Cristo va a la tumba de un muerto! ¿Para honrar su memoria o... para hacer una más de sus locuras?

Si es verdad que nada es imposible para Dios, este era el momento y la ocasión para que tal cosa quedara demostrada. Nuestros días más difíciles son nuestros más grandes desafíos. Es en esos días en que la sensación de que el mismo Dios se olvidó de nosotros adquiere forma para nuestra inconveniencia. Sordo, olvidadizo, injusto, son las actitudes que sospechamos de él. No obstante esto y más allá de nuestros enojos e incredulidades, la verdad es que el Cristo sigue siendo el que hace posible lo imposible.

Esperanza bajo tierra

El muchacho se llamaba Lázaro. Conocido por casi todos en la ciudad. Pero conocido por todos ahora que se murió. Nada simpático, hacernos conocidos más por nuestra muerte que por nuestra vida. Bien, la historia lo muestra como un muerto de cuatro días. Algo que no estaba ya en discusión. A Lázaro le tocó el papel más duro e ingrato en esta historia. Es el muerto de esta telenovela. Llegó tarde al reparto de papeles en la novela de su historia de vida. La información de su existencia irrumpe ante nosotros como un enfermo grave que muere a los pocos días.

Enfermedad fulminante que arranca de la vida un proyecto que tiene todo por vivir, hacer y disfrutar todavía. Las fotografías de la muerte no respetan épocas. Hace dos mil años o ahora, la muerte es siempre igual. Lázaro es un cadáver frío e inmóvil. Así que como es lógico, yace en lo profundo de la tierra para siempre. El operativo de muerte fue cumplido al detalle. Ahora una gigantesca y pesada piedra certifica que jamás podrá salir de allí, por lo menos con vida. Está muerto, y si está muerto no hay vida, y si no hay vida, no hay esperanzas.

Piedras pesadas sobre nuestras existencias. Piedras que cual sellos legales certifican que nunca más la historia podrá ser diferente. "Hazte la fama y échate a dormir", sentencia la máxima popular. Alcohólico, adicto, violento, fracasado, corrupto, vago, ladrón, adúltero, son solo tímidas frases que indican el poder que se mueve detrás de esas piedras que nos obligan a vivir encerrados en sentencias que nos condenan a desintegrarnos poco a poco. Todo es gris en la casa del que se murió. El ser amado partió, pero los que viven regresan a casa con el gusto amargo de la muerte que cierra ventanas, oscurece habitaciones, agacha cabezas, enmudece labios y fija ojos en la nada.

El cuadro familiar también sufre de la lógica de la muerte. Lágrimas que saltan cual inundación por todas partes. Una familia amante fue abatida, está resignada y hasta amenaza con volverse incrédula. Una familia llena de dolor y a la vez de preguntas llora su desgarro en los rincones de su casa y su corazón. Es la familia de los dolientes. Dolor y preguntas, un dúo que solo aumenta la desazón. La muerte nos obliga a hacer preguntas, mucho más cuando quien se fue es un muchacho en la plenitud de su vida. Como es de esperarse, no hay motivaciones de ninguna clase. Lázaro se fue a la tierra de los muertos, se fue y dejó muy joven la tierra de los vivientes. Simple y dolorosamente, es el final. Otra vez este cuadro es una parábola para nosotros. Oportunas comparaciones que arrojan impagables lecciones de vida. Es verdad y, como tal, duele demasiado. Son demasiados los humanos que han visto sus esperanzas morir y están escondidos, sepultados bajo la tierra de la incredulidad. Lápidas modernas que sepultan e invitan a la incredulidad como estilo de vida. Droga, alcohol y tabaco. Dolor, dinero, confort, fama, fracaso, bronca… son solo algunas de las insaciables tumbas que más habitantes tienen por estos días en sus frías entrañas.

Miles de desahuciados, descreídos, abatidos, rotulados y acabados. Cientos de incrédulos que solo creen que están muertos y terminados en lo que soñaron y luego hicieron. Nada es peor que haberse autoconvencido de que no queda otro camino que ser un incrédulo. Nada peor que conformarse con vegetar la vida en la fosa de la incredulidad. De incredulidad trata este capítulo. Quizá el mal con mayor poder en toda esta maltratada tierra. Incredulidad a flor de piel y a un movimiento de nuestras lenguas que forman palabras que no creen. Expresiones cotidianas que no creen ni aceptarán el cambio, quizá porque pesa mucho la tapa bajo la cual yacen moribundos y escépticos a nuevos comienzos, a nuevos intentos.

Incredulidad y mucha culpa

Ahora permanece atento a algo muy humano, tan habitual. El hombre culpa siempre a otros por sus desgracias. Tan humano, tan mortal. Nunca fui yo, siempre fue el otro. El que estuvo antes, el que vendrá después. Siempre allí se encontrará a alguien que deberá hacerse cargo de las desgracias presentes. No fue distinto en los días de la muerte del infortunado Lázaro. La partida del muchacho aplastó a una familia. Desesperación, escepticismo, incredulidad, silencio, son los rasgos evidentes del cuadro de desolación que la muerte de Lázaro ha pintado en su amante familia. Pero como siempre sucede con las muertes inesperadas, se hace necesario encontrar una causa, una razón, una explicación; pero también, por qué no, un culpable. Alguien que se haga cargo.

Tal cosa no devolverá la vida del ser querido, pero infundirá sensaciones de paz en los dolientes. Cuán fuerte es ese sentimiento y más en momentos de extrema debilidad. Somos dados a buscar responsables, a encontrar frenéticamente un culpable. De alguna manera necesitamos de la aparición de un chivo expiatorio en quien descargar todas nuestras recriminaciones. Y aunque no lo creas, también en este cuadro de muerte no aceptada, apareció el culpable. Le dijeron al Cristo:

–Si hubieras estado aquí, mi hermano no habría muerto.

Eso y decirle: ¡Por tu culpa, porque no llegaste a tiempo mi hermano se murió!, es exactamente lo mismo. La responsabilidad de sanar al enfermo era, según la familia, totalmente del Cristo de los milagros.

El comentario en el círculo de amigos y llorones era obvio y de esperarse. ¡Sanó a un ciego, pero no fue capaz de sanar a su amigo Lázaro! No alcanzan las páginas para escribir sin temor a equivocarnos los cientos de comentarios que se dispararon hacia la persona del Cristo en el mismo instante que se supo la triste noticia.

Cualquier parecido con la realidad del tercer milenio es pura coincidencia. Somos muy iguales a los de ayer. Es posible que estés leyendo estas líneas, siendo víctima de alguna clase de duro infortunio, y seas tentado a creer que estás así y allí no por tu propia responsabilidad sino, justamente, por culpa o irresponsabilidad de algún tercero. Esta es la sensación que revolotea en el ambiente. Una mezcla de indignación, desconsuelo e incredulidad se apoderó de todos los dolientes en la casa del que hace cuatro días dejó la vida. La muerte es el final; si el Cristo no lo sanó antes, indica entonces que todo ya es

demasiado tarde. Es el pensamiento de la masa que a coro dice:
—Ya no hay nada que hacer.

Estamos acostumbrados a soltar sentencias como esa en el tiempo de nuestros supuestos fracasos. Cual frase lapidaria nos autodecretamos imposibilitados de volver a intentar, simplemente porque hemos llegado a creer que ya no hay nada más que hacer.

Un futuro restaurado

¿Estás así tú que lees esta obra? ¿En el final de tu camino? ¿Al costado de la senda que te lleva a tus deseadas conquistas? Tan experto en confesar no solo el estado terminal, sino también la imposibilidad de nuevos y heroicos intentos.

Están aquellos que intentan y también esos que, según creen, ya lo intentaron todo. Te has graduado de incrédulo. Eso sí, estimado y fiel compañero de lecturas, es una verdadera y profunda tristeza. Eso es un homenaje al no creer. La vida en sus procesos nos da ser parte de momentos clave, inolvidables y hasta cruciales. Instantes dignos de la más arriesgada toma de decisiones por nuestra parte. Yo le llamo el "momento bisagra". Es ese instante vital que abre puertas a una nueva realidad, a una nueva dimensión. En los momentos en que la vida pareciera constituirse en nuestra enemiga disparando todos sus mísiles, aparece ese "momento bisagra" que abrirá la puerta solo hacia donde nosotros decidamos que deba abrirse.

O nos quedamos del lado de adentro, masticando nuestro fracaso y nos hacemos incrédulos de una nueva oportunidad, o damos el paso firme hacia arriba y adelante, entrando y subiendo seguros a una nueva tierra, a una nueva y apasionante dimensión. La dimensión donde se vuelve a creer y los milagros pueden volver a verse.

Se murió Lázaro y con él el sustento familiar. Se murió Lázaro y con él la esperanza de un futuro mejor. Se fue Lázaro para nunca más volver y cargaron las culpas en el Cristo. Con Lázaro muerto y guardado en la fría cueva que oficiaba de tumba, a nadie se le ocurrió pensar que podría resucitar. Había muerto Lázaro y todos se vistieron de incredulidad.

Ese pensamiento se hizo ley. Cualquiera que propusiera una idea tan descabellada, como por ejemplo hacer vivir a Lázaro de nuevo, era definitivamente tanto un consumado irrespetuoso como un grave y peligroso desequilibrado mental. Sin embargo, y contra todos los pronósticos, en medio de la sala, del juicio y las lágrimas que caían cual inundación, se puso de pie seguro el Cristo de las cosas ilógicas. Momento bisagra que llegó también a la casa del finado Lázaro. Dos caminos que acababan de abrirse delante de todos los dolientes que se dieron cita a los funerales. O el Cristo se unía al llanto general, o se la jugaba haciendo algo imposible, fuera de lugar y fuera de los cálculos, con lo cual pudiera guiar a todos a subir a una nueva dimensión. La dimensión donde se vuelve a creer en los milagros.

Así que obsérvenlo, por favor. Es tan llamativo pero tan propio de él a la vez. No juzgó ni se defendió. No ensayó excusas de por qué llegó cuatro días después a la cita de la vida. Simplemente ahora se limita a pronunciar tan solo tres palabras:

–*Quiten la piedra.*

Es el grito hasta provocador que ordenó a un par de fortachones. El murmullo incrédulo se hizo oír a varios metros de donde está de pie el Cristo. Marta, hermana de Lázaro, incrédula gritó diciendo:

–*Señor, ya debe oler mal, pues lleva cuatro días allí.*

Parece que la veo: "¿Como vas a hacer eso? Es irrespetuoso... ¡está muerto!" Bastó una orden del Cristo de las locuras y todo el mundo quedó descolocado. Ese es él. Descolocador por excelencia. Está loco o está seguro. Es el único que se apresta una vez más a ejecutar su toque maestro. ¿Ves el cuadro? Si hasta parece que estoy allí. Ojos incrédulos, labios apretados, dolor de pecho terminal, la mayoría resistiéndose a la orden. Se dicen a sí mismos que esa no es más que la orden de alguien seriamente trastornado. Solo son unos pocos, sí, qué curioso, siempre son pocos, los que se animan a creer y por ello corrieron hasta la gran piedra y la hicieron rodar. Redoble de tambores. La puerta de la cueva acaba de quedar abierta. El camino ha sido liberado. Bisagra. O se queda adentro o sale caminando. Rápido de reflejos y antes que alguno propusiera lincharlo, llamó al muerto por su propio nombre y lo invitó a subir a una nueva dimensión, la dimensión donde se vuelve a creer en los milagros.

Cuando un sueño se nos derrumba somos de hablar, gritar y solo complicamos más las cosas. Somos de culpar y muy dentro de nosotros queremos que sea satisfecho nuestro sentido de justicia. Alguien debe pagar por esto que sufro. A alguien debo culpar. Necesitamos nuestro chivo expiatorio personal. La orden fue dada, la dio el Dueño mismo del universo. Va a ocurrir algo fenomenal. Nadie se atrevió a respirar. Ahora cientos de pares de ojos están clavados en la entrada de la omnipotente cueva que oficia de tumba del joven Lázaro.

Al cabo de unos pocos y eternos segundos, comenzó a oírse un movimiento allá adentro. No es un animal ni ninguna gigantesca alimaña. Ese apartamento solo recibe a un habitante. Nadie más vive allí. Solo Lázaro. Todo está listo. Alguien vivirá o alguien morirá linchado ese día. Algo contundente será comprobado esa jornada. Los muertos no caminan, pero sí pueden volver a vivir. Contra toda postura o pensamiento, al que estaba muerto ahora le sucedió lo increíble, dijo un profesional de la incredulidad. El muerto Lázaro está parado vivo a la puerta de su propia tumba.

Bisagra. Instante crucial en el que decidimos quedarnos con el no creer, o pasamos a la dimensión donde vuelve a creerse en los milagros. La vida volvió a Lázaro y la familia recuperó la esperanza. Hay un momento bisagra frente a ti.

Por qué dudar si se puede creer

Modernísimos e increíbles seres humanos. Abarrotados de tecnología y ciencia. Plagados de logros y habilidades, y no podemos vencer a la Marta que de alguna manera llevamos adentro. Martas. Hablamos, gritamos y solo complicamos más las cosas. No estás enfrentando la muerte propiamente dicha... o quizá sí. Es posible que a esta altura de tus años de vida hayas experimentado varias veces la severidad de una crisis y la incredulidad se te hizo carne, piel y hueso.

Hace mucho más que cuatro días tu proyecto más amado se murió. Incontables son los que existen y no viven. Como náufrago en un pedazo de roca que sobresale del mar, están parados sobre los escombros de lo que alguna vez fue el hermoso sueño familiar. Llevan semanas e interminables jornadas lejos de sus hijos. Demasiado tiempo extrañando al hombre que la enamoró o a la mujer que le robó el corazón. Demasiados días sobre las ruinas de sus proyectos financieros. Demasiadas traiciones de amigos que más que eso fueron expertos practicantes de tiros traicioneros al blanco.

Así vas, así vamos andando la vida. Demasiadas jornadas enfrentando solos lacerantes agonías del corazón. Demasiados nudos apretando gargantas. Demasiados vacíos llenando el alma. Demasiados días hundidos nuestros rostros en el polvo de un fracaso. Demasiada desazón. Demasiado olor a muerte. Son demasiados los "demasiados". Todo se unió para obligarte a que te pases al multitudinario ejército de los que no solo sufrieron alguna clase de fracaso o derrota, sino que ya levantan bañados en lágrimas una bandera negra, manchada con sangre de la última batalla, que dice: "¡No volveré a intentarlo!"

Están muy debajo de la tierra. Tan profundamente escondidos en sus tumbas, que ya son licenciados en incredulidad. Por eso ahora con absoluta autoridad enseñan los argumentos de por qué ya nada va a cambiar. Crees que no tienes derecho a ser feliz. Crees que jamás volverás a ser el que fuiste ayer. Es la Marta que grita dentro de nosotros. Todos tenemos a una Marta que grita: "¡Hiede ya!" No hemos llegado al punto del "momento bisagra". Pero vamos, tengo buenas noticias.

Este punto de tu lectura de este libro es tu momento bisagra. Llegaste al instante crucial en el que debes decidir. Quedarte del lado de adentro de tu tumba. Triste, caído, frío, inerte, tieso y, por sobre todas las cosas, incrédulo; o decidirte a sacudir tus mortajas y animarte a obedecer la orden del Dueño mismo de la vida, que dice que puedes volver a ponerte de pie.

No te rindas. Resulta ser que hay alguien que no mira el tamaño de tu tumba, ni pregunta cuántos días hace que estás dentro de ella, y jamás repara en el no poder. Solo se limita a abrir una puerta y decirte que puedes caminar de nuevo. Claro que Lázaro se murió de viejo después. Pero no vivió igual una vez que el Cristo lo afectó con su toque maestro.

Lázaro ayer, tantos Lázaros hoy. Muertos, fríos, inertes. Así quedaron, timoratos y asustadizos. Tienen marca registrada de temblorosos y se adueñaron del próspero negocio de producir lágrimas en vez de opciones para seguir luchando. Se hicieron incrédulos. Se rindieron a ser y vivir como escépticos. Se sentaron y no volverán a levantarse. Es el peso de la frustración hecha incredulidad que dobló sus espaldas, anudó sus gargantas, enrojeció sus ojos, inmovilizó sus manos y encadenó sus pies.

No obstante, sopla una brisa fresca de donde menos suponías. De allá, bien lejos, de la tumba de un desconocido muerto llamado

Lázaro, llega potente el nuevo viento de la esperanza. El que se lleva la incredulidad hasta los mismos cielos y allí procede a desintegrarla. Es la brisa que llega de la mano de un ex muerto de cuatro días. Ese día, cuando se paró vivo de nuevo a la puerta de su última morada, no solo volvió a vivir, sino que todos volvieron a creer. Por qué dudar si se puede creer.

El Cristo sigue haciendo de las suyas también en estos días. Está parado frente a nuestras mismas tumbas, y hoy puede ser el día en que nos paremos a la puerta de la esperanza y la nueva vida. Por qué no darte a ti mismo una oportunidad y regalarte el privilegio de volver a creer.

Parálisis o movimiento

Para no convertirnos en víctimas obedientes de la imposibilidad

Capítulo

Me quedé dormido de tal modo que mi cabeza descansó por mucho tiempo sobre mi brazo derecho. Al ponerme de pie descubrí lo que todos, ¡se me había dormido el brazo! Como era de esperarse entonces, por varios minutos puse en práctica mil intentos para lograr que me respondiera. Mis movimientos fueron torpes, descontrolados, y la recuperación, aunque rápida, a la vez fue dolorosa. Cual millones de hormigas dentro de mi sangre que caminaban al mismo tiempo fue la sensación que viví mientras recuperaba la sensibilidad y el control de mi brazo dormido. Pareció en un momento que mi brazo todo estaba muerto. Gracias a Dios no faltaba, solo y simplemente estaba dormido. Definitivamente jamás quisiera vivir en carne propia la experiencia de un órgano muerto en mi cuerpo.

Cuento esta experiencia si se quiere natural, cotidiana, solo para ejemplificar una circunstancia que también es natural y cotidiana. Ni tú ni yo nos pasamos el día pensando en nuestras manos, dedos o brazos. Tampoco en nuestros pies o pulmones o cualquiera de nuestros órganos. Asumimos que están allí y simple y naturalmente hacemos uso de ellos. Así están dadas las cosas. No pensamos en ellos, solo los utilizamos. Pero sí hay un momento en el que los mismos se hacen dueños de nuestros pensamientos y sentimientos. Sí hay un momento en el que los mismos se hacen importantes y hasta fundamentales.

Es cuando por alguna causa nos faltan o no funcionan de la manera adecuada. Es en ese momento en que los mismos pasan a ser prioridad uno en nuestras existencias. Es allí cuando les damos hasta una única y desesperada atención. Será por eso tan humano, tan mortal, que el aprecio por las cosas no lo mostramos tanto cuando tenemos esas cosas, sino cuando las mismas nos faltan.

Otra vez se levanta ante el Cristo un nuevo desafío. Acaba de ingresar por enésima vez a la gran sinagoga. El ambiente es el de siempre en el sagrado lugar, modificado sustancialmente ahora con la irrupción del Cristo en sus añosos atrios. Pero esta vez flota en el aire, en vez de una expectativa de milagro, un aire de examen, de desafío. Gente prominente se dio cita en el lugar donde el Cristo va a llevar a cabo otra de sus más increíbles intervenciones en el programa de actividades y posibilidades de los seres humanos de esas tierras.

Con el deseo de reponer un poco las fuerzas, busca un lugar que le sirva de apoyo. Sus incansables colaboradores se arremolinan a su alrededor, y cuando está listo para soltar un reparador suspiro, llega de la nada un grupo de expertos en religión y sagradas escrituras, dispuestos a realizarle el correspondiente examen semanal al Cristo de sus insomnios.

Lo curioso de la escena es que no vienen solos. Al lado de ellos está de pie, en silencio, mustio y con un rostro que denuncia a todas luces esa clase de temor propio de no saber lo que pasa, un hombre de ropas humildes y perfil definitivamente bajo. Se deja inequívocamente ver el problema que lo aqueja. Una de sus manos está seca, no dormida como la mía aquella vez. Seca, muerta y sin el más mínimo movimiento. Cuelga de su brazo, sin vida. Qué increíble. De cuántas cosas somos capaces los seres humanos con tal de salirnos con la nuestra. Miren lo que hacen estos profesionales de la religión:

–¿Está permitido sanar en sábado?

Es la primera pregunta que escupen directo al rostro del Cristo de las grandes respuestas. Señoras y señores, ¡están usando a un enfermo para hacer caer al que puede sanarlo! El enfermo es tan solo la emboscada usada por estos increíbles personajes. Han transformado a un enfermo en una ruin y diabólica trampa. No importaba tanto la suerte del hombre con la mano seca. Más importaba usarlo como arma para destruir de una vez por todas al Cristo de sus mayores dolores de cabeza.

Religión o comprensión. Legalismo o acción. Amor o condenación. Milagro o destrucción. Aunque ni tú ni yo lo creamos, muere la comprensión en manos de la religión, la acción en las garras del legalismo, el amor en las fauces de la condenación y el milagro en la tierra del espíritu de destrucción. La religión que es capaz de usar la necesidad humana para consolidarse como opción en el concierto de religiones del mundo no es religión, simplemente es una gran contradicción.

Manos que hablan

El hombre tiene su mano seca. La mano. La mejor intérprete de todas las intenciones humanas. Dar una mano es dar todo lo de uno en auxilio del otro. Abrir la mano, dice que una persona es generosa. Sacudirla con vehemencia es desafiar a otro. Alzarla hacia el cielo acompaña un solemne juramento. Levantarla hacia una multitud es un acto de emotiva bendición. Alzar las manos en la oración no es otra cosa que una inequívoca señal de dependencia. Las manos tienen esa capacidad de representar las pequeñas y las grandes obras del ser humano. Ellas tienen ese don increíble de transmitir. Las manos. Comunicadoras de sentimientos como nada.

Es la mano del padre que lleva seguro a la de su hijo y le dice sin palabras: "Conmigo estás seguro". Es la mano del flamante esposo, que sostiene firme la de su amada mujer cuando salen felices de los atrios del templo la noche de su boda. Es la de la madre que peina los cabellos de su hijo en necesidad y le hace entender que en ella hay seguro refugio. Es la de la amante esposa que toca con mágica suavidad el rostro de su cansado compañero de la vida y le devuelve el deseo de seguir luchando. Es la del bebé que acaba de aprender a caminar por sí mismo. Un niño que solo necesita ver el rostro de su madre para lanzarse en frenética carrera hacia ella, estallando en mil expresiones de gozo que alzan con ansias sus tiernas manos buscando abrazar a ese ser que le prestó el útero por nueve meses. Mano extendida en misericordia para levantar a un caído. Manos, como las del doliente enfermo en su lecho de dolor, que acarician el rostro del visitante; sin palabras, transmiten un mensaje de gratitud imposible de no ser comprendido.

Manos como las de una madre que cual experta cocinera corta mil veces las verduras de mil alimentos preparados en amor silencioso para los suyos. Manos como las de la abuela, quieta y balanceándose en su añoso sillón, que teje y teje en mudo mensaje diario las ropas que abrigarán a sus nietos en el próximo invierno. Manos como las del experto cirujano que abre y cierra cuerpos para salvar vidas sufrientes y quebradas. Manos como las del dotado músico, que en invisibles movimientos extrae toda la riqueza de su instrumento. Manos como las del obrero, que aprisionan fuerte la pala que dará de comer a los suyos cada jornada.

Manos, hablan y no tienen voz. Envían mensajes y no usan correo. Consuelan corazones y no recetan pastillas. Manos abiertas, manos cerradas, manos grandes, manos pequeñas, manos con surcos, manos suaves. Manos, toda la vitalidad de la vida contenida en ellas. Por eso es dramático el cuadro de una mano paralizada. La misma vida se detuvo. Una mano ha sido inmovilizada. Alguna clase de po-

der con minúscula la dejó quieta, paralizada, estática, y junto con ella paralizó una vida. Historia que conmueve es la de un hombre que teniendo dos manos ya no pudo hacer uso de una de ellas.

Una mano seca

Como ninguna, esa expresión omnipotente... seca, denuncia todo lo sin vida. Es la no-vida, o la vida que no es vida. Es como llevar nombre de vivo y estar mortalmente muerto. Contradicciones que deben hacernos pensar. Es como llamarse *Río Seco*, es un río... pero está seco y, por cuanto está seco, entonces no es río. No es más que eso, un simple nombre que por lleno de vitalidad que pudiera estar, la verdad fría y sin anestesia es que no puede ocultar lo que es y cómo está. Seco y muerto. El mundo de las apariencias. Caretas que simulan vida, espíritus que vegetan y ya no respiran.

¡Qué seca es la palabra "seco"! Pienso en lo seco y pienso en lo marchito. Seco me hace pensar en lo paralítico, en lo que se quedó rígido. Hay un hombre con su mano seca. Su mano está marchita, sin vida, rígida y aun groseramente encogida por la fuerza de una parálisis que hace años se fue haciendo omnipotente dentro de ella.

Expertos investigadores del contexto histórico del suceso que analizamos en este capítulo afirman que el hombre de la mano seca era un albañil, un digno, honesto y esforzado obrero de la construcción. Vaya uno a saber cómo llegó su mano a quedar así. Es muy posible que años de excesivos e interminables esfuerzos con su mano la fueron poco a poco dejando paralizada, rígida y encogida. Cuánta ansiedad agolpada en un mismo pensamiento. Cómo la desesperación va en franco crecimiento al observar que día tras día y semana tras semana, como en una caída libre, su apreciada mano se fue quedando sin fuerzas. Caída libre.

Todo mortal se detiene, si es que no lo ha hecho ya, en esa estación de la vida donde parece ser que volamos hacia abajo a increíbles velocidades, en caída libre. Tan típico, tan habitual, caer y sin una red que nos reciba a unos metros antes de llegar al piso. Son a todas luces días buenos que inexplicablemente terminan en supuestos días malos. Nuestra orgullosa autosuficiencia y movilidad comienzan asombrosamente y sin que nadie lo evite a quedarse como eternamente quietas.

La movilidad de ayer es una cruel parálisis ahora. Algo activó un desenlace. Desenlace que solo descubre que aquel que alguna vez fue el dinámico y movedizo soñador de grandes locuras se fue transformando en un opaco, timorato y rígido paralítico de sueños y progresos.

El día que no quería que llegara finalmente llegó de manera fatal a la existencia del esforzado hombre de la construcción. Ese fatídico e insolente día en el que sin pensarlo repitió el diario ritual de hacer lo de siempre, en su oficio de siempre y con la mano de siempre. Un día para el infarto, fue aquel en que descubrió que la movilidad de siempre se fue de él sin previo aviso, y que la horrible parálisis se adueñó de su mano sin previas negociaciones.

Tomar una pala, colocar un ladrillo, instalar una pieza en un techo pequeño, fueron esfuerzos titánicos y costaron como nunca. Esa tarde se fue a casa con una mezcla de pánico, bronca y vergüenza. Guardó el secreto y se juró a sí mismo que nadie sabría jamás de su propia boca que esa tarde se fue a casa sin poder colocar sus herramientas en el lugar habitual.

No hubo fuerzas, tampoco compresión. Piezas insignificantes ahora se caían de su mano débil y semimuerta. Piezas livianas ahora pesaban casi el doble del peso de su cuerpo. Se preguntó qué pasaba, intentó mil veces demostrarse a sí mismo que lo suyo era algo pasajero. Descubrió que en cada esfuerzo por demostrar lo pasajero de su dolencia esta solo se evidenció como una real y cruda parálisis.

Pasaron los días y la deseada mejoría solo se hizo una gran utopía. Una de sus manos había dejado de funcionar. Su orgullo y dignidad fueron conmovidos. Él es el sustento de su casa. Él es quien llena la olla de su casa y viste a sus pequeños cada día con su digno y esforzado trabajo. El lujo de abandonar sus tareas no era una opción para él. Ojos llenos de lágrimas, hombros caídos, voz temblorosa y una mano muerta frente a sí mismo, era su autorretrato más doloroso. Hay fotografías que jamás quisiéramos tener, ni mucho menos mostrar. Esta era la de él. La foto que muestra insensible a la imposibilidad que opera como dueña absoluta de uno de sus miembros. Es su hora más difícil. Cuánto le costará asumir que no podrá ganarse el sustento como hasta hace unos meses lo vino haciendo.

Dignidad de ganarse el sustento propio. Indignidad al por mayor será entonces querer y no poder. Nada es más desesperante que luchar en un mundo infestado de *autistas* que buscan salvarse a sí mismos, y a los cuales les cuesta socorrer al que está imposibilitado. Tú y yo luchamos por vivir en un mundo para sanos, fuertes, vigorosos y autosuficientes. Los enfermos, débiles y dependientes no tienen cabida en él. Salvo raras excepciones, difícilmente vean nuestros ojos a un hombre plenamente exitoso y a la vez paralítico. El estereotipo del ganador es atractivo, va al gimnasio todos los días, respeta una dieta balanceada, llena su cabello de gel, viste ropa de diseñadores extraños e inalcanzables, maneja automóviles increíbles y vive en barrios de nombres difíciles de pronunciar.

El perdedor nada tiene para atraer. Camina buscando trabajos. Usa, lava y plancha mil veces su eterno y mismo pantalón. Vive al día haciendo malabares con su sueldo de vergüenza, reside donde más barato le resulte rentar, se enferma de nada y con enfermedades indignantes muerde su dignidad, y se las arregla para vivir con su pensión. Hace fila de madrugada en hospitales para ser atendido quince días después. De alguna manera se siente feliz con un techo, un colchón, un plato de sopa y su mujer y sus hijos a su alrededor.

El albañil sintió el golpe de la parálisis que no solo inmovilizó su mano, sino también su capacidad de ganarse la vida por fuerza propia. Aunque jamás lo aceptó, se vio condenado a vivir de la piedad y la misericordia de insensibles y apurados seres humanos. Algo así como limosnas y otros gestos piadosos y filantrópicos. Por una inexplicable y tozuda parálisis ingresó al mundo donde ya no se gana por sí mismo el sustento cotidiano. La parálisis para él fue igual a la dependencia pordiosera. Se había dado cuenta de que ya no podría ganarse la vida con sus propias manos, tampoco ser generoso y mucho menos encarar nuevos y anhelados desafíos. Ayer, un activo albañil; hoy un quieto paralítico.

Mortalmente secos

¡Cuánto padecemos los humanos del fenómeno de la parálisis! Nos cuesta demasiado el esfuerzo diario de hacer tan solo pequeñas cosas. Nos cuestan muchas veces la vida misma esos diarios sacrificios de llevar a cabo pequeñas obligaciones que pocas veces nos animan a hacer otras grandes cosas. Sociedades domadas. Acostumbradas y obligadas a vivir de crisis en crisis, que no hacen otra cosa que despojar de a poco vitalidad, movimiento, visión y esperanza de un futuro mejor. Humanos públicos y privados. Conocidos y anónimos que no pueden evitar ser medidos con esa regla que los condena a vivir de las limosnas espirituales de otros tan necesitados como ellos. Un amigo, un pastor, un sacerdote, un curandero, un presidente o un político. No interesa demasiado lo que haga o a lo que se dedique. Ellos también están condenados a depender.

Sistemas antihumanos, injustos a todas luces. Sistemas inventados por humanos para relacionar seres humanos, y que solo separan y condenan a desiertos solitarios a otros millones de seres humanos. Es la película de todos y cada uno de los días de la rueda de la vida humana. Pocos disfrutando. Muchos penando. Todo muy duro. Todo demasiado injusto. No hay nación de la tierra que no tenga el honor de tener en sus tierras a sus correspondientes mortales desmotivados.

Actores obligados e inertes integrantes de una compañía mal pagada, que solo observan, impotentes cómo la alegría de vivir poco a poco se les fue quedando sin movimientos.

La novela diaria que se proyecta en todo el mundo. Humanos secos, marchitos, encogidos, paralíticos y tiesos. Es la condición del hombre y la mujer del tercer milenio. Matrimonios secos, economías marchitas, relaciones familiares encogidas, sueños paralizados, pasiones tiesas, monótonas, deprimentes y aburridas. Mira con detenimiento la grande y triste telenovela. Cuerpos vivos sin deseos de vivir. Almas secas envueltas en pura cáscara. Vidas vivas que lloran el dolor de sistemas muertos.

La deuda impagable hizo que un hombre se colgara del cuello de un perdido árbol de algún perdido país del mundo, a cientos de kilómetros de la tierra que dejó en búsqueda de mejores oportunidades. La insoportable sensación de mala fama hizo que el médico se quitara la vida en su lecho matrimonial. El abandono de su marido hizo que la mujer deseperada saltara a las vías de un tren. El vacío interior del famoso animador televisivo lo hizo volar al asfalto desde el piso número trece.
Todos los días y las veinticuatro horas la telenovela no se interrumpe, no tiene capítulo final; en todo caso, eso sí, marca el final de las vidas, pero ella sigue exhibiéndose. Famosos, poderosos, anónimos, trabajadores, altos, bajos, rubios y oscuros, ricos y pobres no pueden deshacerse de su papel de protagonistas. Almas y espíritus secos, paralizados. Viven carentes de toda motivación y entusiasmo. La motivación ha huido de ellos y se quedó a vivir en tierras inhóspitas y gélidas. Lloraron todas sus lágrimas. Se hincharon sus ojos. Se les fue la vida después de aquella desgracia. Se les paralizó el corazón después de esa decepción en el amor. Se les marchitó la fe por la mala acción de un reverendo. Se les encogió el corazón por la traición del mejor amigo. Miraron las venas en sus muñecas y pensaron en cortarlas luego del gran fracaso financiero.

El mensaje de este capítulo es sencillo. Tantas decepciones no solo secan la vida, sino que, además, le roban la alegría y la despojan de su futuro de grandeza. Es allí donde millones creen que la opción es detenerse. Parálisis. No volver a creer. No volver a intentar. No ponerse en movimiento una vez más. Son demasiados, y quizá tú seas uno de ellos. El problema, la crisis, el conflicto secó tu espíritu, paralizó la fe, dejo tiesa tu capacidad de soñar y simplemente te quedaste. ¡Oh, cuántos son! Se acostumbraron a quedarse y se fueron a vivir a la provincia "Solo parálisis", compraron tierra en el barrio del "Nunca más" y construyeron su casa-fortaleza en la calle "No vale la pena".

Míralos, están inmóviles, solo existen pero no viven. Caminan, pero no van a ningún lado. Se sientan a rumiar su crisis en cualquier parte. Aman sus camas y se han hecho esclavos obedientes de sus sábanas: duermen todas sus jornadas. Almas secas. Respiran y es solo un ejercicio mecánico y natural. Toman ómnibus, piden taxis, vuelan aviones, cruzan avenidas, caminan calles, miran televisión, comen sin parar, patean piedritas, pero se secaron y quedaron tiesos, rígidos y según lo ven, será para siempre. Ya no creen ni creerán. Abandonaron la lucha. Aceptaron sumisos las consecuencias de su último fracaso, y aceptaron esa denominación. Fracasados, ya no vuelven a creer, ya no volverán a intentarlo. Míralos, decidieron no hacer de ellos una nueva pintura. Decidieron no hacerse la mejor de sus nuevas fotografías.

Por qué seguir sentado si puedes estar de pie

El hombre de nuestra historia era un esforzado albañil. Hombre poseedor del orgullo de valerse por sí mismo. Aunque duras fueran sus jornadas, nada podría quitarle la sensación de autosuficiencia propia de todos aquellos que se valen por sí mismos. Nada como el placer de disfrutar lo que se consiguió con el esfuerzo de las propias manos y el sudor de la propia frente. Nada como el placer de salir por la mañana y volver con la caída del sol, luego de una jornada de trabajo que recompensará con creces el esfuerzo el día de mañana. Cuánto valor, qué indefinible es valerse por sí mismo.

Pero cuánta desesperación hecha preguntas es el no poder hacer lo que alguna vez se hizo con naturalidad y absoluta facilidad. Mil situaciones se complotan para dejarnos inmovilizados. Como a nuestro anónimo hombre, personaje central de esta historia. Una parálisis en su mano le paralizó toda la vida. Cayó de albañil a retirado. Retiro obligatorio. Parálisis de vida, de sueños y de esfuerzos. Parálisis de nuevos intentos y espíritu de lucha. Parálisis que condena a ser conformistas y vivir indignamente de la eterna limosna de otros.

Parálisis, como la que tú tienes, que posiblemente no sea física ni de una mano literal. Parálisis que deja tieso tu espíritu. Del gigante que sufre dentro de ti por volver a intentar una nueva conquista. Parálisis, como la del guerrero que está en tu alma y que ha sido obligado a enfundar su espada. Una orden desconocida y extraña para su temple de luchador le obligó a no volver a pelear. Parálisis que impide intentar reconstruir tu sueño matrimonial. Parálisis que no te deja rehacer tu sueño financiero y empresarial. Parálisis. Te hace llorar y te convirtió en un cliente empedernido de mentirosos vendedores de ilusiones. Parálisis que te hace mirar con ojos perdidos a la nada. Parálisis que te obliga a tomar tu cabeza entre tus manos, estirar tus cabellos hasta el dolor más intenso y preguntarte si vale la pena vivir como vives.

Así con nosotros, así con el albañil de nuestro relato. Para el hombre todos los días eran iguales. La misma vida, la misma rutina. Mano seca y paralizada. Tal dependencia obligada tornó su vida en una experiencia seca, sin gracia, sin sorpresas ni entusiasmos. Hasta que un día se hizo la diferencia. Fue el día en el que se encontró con el Cristo. Con el Embajador del cielo, el único reactivador de parálisis de cualquier tipo. Con el único que inyecta entusiasmo puro a los sueños frustrados. Con el único capaz de rehacer lo que se deshizo.

Increíble, para alquilar balcones. ¿Cómo lo hizo? Nunca lo sabremos.

Pero lo que sí sabemos es que el hombre de la mano seca, luego de su encuentro personal con el que vino del cielo, se fue a su casa con la mano llena de vida. No sé cómo lo hace. Solo sé que lo hace. Un toque, una palabra, una orden y una nueva obra de arte quedó lista para ser estrenada. Un toque maestro y la mano fue restaurada, y la vida ya no fue la misma. Pintó otro cuadro, construyó otro retrato, sacó otra fotografía, comenzó a escribir una nueva página. Esto me llena de entusiasmo y me devuelve la esperanza. De pordiosero a hombre que se vale por sí mismo. De derrumbado y abandonado a hombre en batalla de nuevo. De la incredulidad rígida a la creencia consciente. Del alma seca a la vida en sagrado movimiento. De la parálisis amarga a la dulce acción renovada. De anónimo local a hombre conocido en la esfera mundial.

El mensaje es contundente y me parece sencillo de entender. Algo paralizó parte o toda tu vida. La vitalidad, la alegría de vivir, el sentido de la vida, el espíritu de lucha, la decisión de volver a presentar batalla, el no morir en la derrota, el no tornarse en un incrédulo desesperado, tienen su renuevo en la persona del experto reactivador de vidas. Los ojos del hombre con la mano seca se clavaron en lo ojos del Cristo de su esperanza. Los ojos vacíos del que no podía mover su mano volvieron a brillar con el brillo de la esperanza. El brillo de los que deciden heroicamente volver a creer. El Embajador del cielo hizo la diferencia. Un anónimo hombre saltó libre de su parálisis y volvió entusiasta a ponerse de nuevo en enérgico movimiento.

Increíble. Inolvidable. Así que, ¿caído?, ¿asustado?, ¿deprimido?, ¿acabado?, ¿incrédulo? Vamos, seca tus lágrimas y ahórralas para llorarlas de alegría en pocos días. Lava tu cara. Arregla tu peinado. Ponte de pie, saca el pecho, levanta tu cabeza, hay un camino. Por qué seguir sentado si ya puedes estar de pie. Hay una opción y esta tiene nombre. Es el Cristo que vino del cielo. Pero como todo en la vida, tú decides. Parálisis o movimiento.

Solo duerme

Para que no olvidemos que siempre habrá más gracia que desgracia

Capítulo

Todavía queda mucha gente alrededor del Cristo de las grandes revoluciones. Por todas las calles a la redonda van y vienen apasionados los comentarios del último suceso. El polvo que se eleva por el paso de bulliciosas multitudes completa la imagen típica y habitual de cada aparición del Maestro de maestros. Cientos a su alrededor que pujan por un pedazo de poder milagroso y él, una vez más, sin apuros ni ansiedades, se toma su tiempo para completar la charla lógica que surge con una afortunada mujer que acaba de recibir su milagro.

En medio de ese mar de gratitudes, saltando de la mujer al Cristo de los milagros, nadie sospecha lo que se está gestando a tan solo unos metros de allí. Definitivamente nadie interrumpirá tan animada charla. De hecho, se les ve distendidos aun a los mismos seguidores del Cristo. Es la paz y la satisfacción que continúa al trabajo y el deber cumplido. Pero es en ese preciso momento, el de la charla y la gratitud, cuando no muy lejos de allí una niña está dando su último suspiro. Mientras que a unas pocas calles de allí la multitud se embriaga de milagros, a unos cuantos metros, en silencio, una niña está dejando la tierra de los seres vivos.

Las imágenes cambian ahora de manera vertiginosa. Las escenas son abruptamente modificadas. Ahora el pánico, la desesperación y la impotencia hacen su aparición en el escenario de nuestra próxima historia. Nadie espera al siguiente actor, de alguna manera no está en el libreto. Es un humilde y sacrificado padre. El pánico y la desesperación lo han convertido en su víctima. Él es uno de los tantos que no reciben milagros, solo los necesitan, desesperadamente. Se ve joven, debe ser de unos cuarenta y tanto. La obra de las malas noticias procede igual en todos los mortales.

El joven padre no es la excepción. Acaba de constatar que la niña de sus ojos está tan grave que su vida corre riesgo mortal. Pero juntamente con la mala nueva, la noticia de que el Cristo pasa cerca de su casa revoluciona sus pensamientos y se atreve a pensar una locura. Una fracción de segundos y nada más. Ese fue todo el tiempo que necesitó para tomar la decisión... ¡va a darle a conocer la noticia de la grave enfermedad de su hija al Cristo de los grandes hechos! Decisión tomada, y ahora a concretarla. Emprende entonces su más desesperada carrera. Está huyendo de la desgracia, intenta decididamente revertirla, porque se resiste a la idea de que su pequeña niña deje de vivir. Corre hacia la esperanza. Busca llegar a tiempo a su gran oportunidad.

Pero de nuevo, como en mil ocasiones y circunstancias, la muerte gana de nuevo la competencia. No alcanza el diligente padre a encontrarse con el Embajador del cielo, cuando la muerte arranca la vida de su princesa de tan solo doce años y la deja muerta en la cama de su habitación. Tan niña, tan pequeña, tan llena de potencial; sin embargo, ha dejado de vivir. Reacciones de las más variadas. El dolor y la impotencia se han instalado en la humilde vivienda y han pasado a tomar el control total de la misma. Este sí es el momento del dolor. Instancia cargada de desgarros y, a la vez, tan injusta, tan sin palabras, tan inexplicable. Los niños no se van de la vida tan temprano. Un padre que busca el remedio. Un padre que llega tarde a la salvación de la vida de su amada hija.

Sin anestesia, la desgracia de la muerte había entrado en su casa. Los pocos que quedaron cuidando a la desdichada niña, y a la vez aguardando esperanzados el regreso del abnegado padre, no encuentran consuelo de ninguna clase. La niña murió y eso es definitivamente una gran desgracia.

Muerte certificada

De nuevo, la historia que vuelve a repetirse. Una vez más toda la escenografía del *show* de la muerte fue montada en perfecta sintonía. Olores, encierros, lágrimas, lamentos, polvo, apretujones y rituales se pusieron en marcha en la casa del padre que ya no tiene hija. Uno por uno hicieron su aparición en perfecta sincronización todos los actores de la más odiada telenovela de la vida. La de la desgracia de la muerte.

Primero llegaron presurosos los parientes. Todos preguntando, todos aumentando ansiedades y amontonando preguntas de difíciles y esquivas respuestas. Luego fue el turno de los músicos. Porque aunque la niña ya está muerta deben de todos modos llevarse a cabo los honores. Es el momento de los músicos, profesionales ejecutores de notas que solo agudizan el dolor y suben el volumen de los lamentos.

Finalmente el cuadro se completa. La muerte es también un negocio. Profesionales señoras lloronas llegaron solo para eso, llorar y llorar. Ha sido montado el mismo escenario y la misma obra ha comenzado a proyectarse. Qué desgracia es la muerte. Desgracia que se entiende mejor como esa desgarradora ausencia de gracia. Realidad que no da regalos ni reparte presentes. Des-gracia, vacía de vida. Desgracia que no da, solo quita. Desgracia que produce desgraciados. Humanos vacíos de sonrisa, desnudos de regalos, despojados de vida para dar. *Des-graciados*, a los que nada se les dio, a los que todo se les quitó.

Un padre en *desgracia* es un padre al que no se le dio una hija, sino al que le fue arrancada la única que tenía. La niña está muerta y esa es una realidad que no solo no puede discutir, tampoco puede ni podrá cambiar. Se acepte o no, ha dejado de vivir. Por aquellos años la muerte implicaba una organización tanto espectacular como minuciosa. Como tal era bien atendida. Así como se celebraba la llegada a la vida de un nuevo ser humano desde el júbilo y la alegría, de la misma manera se tomaban su tiempo para honrar y lamentar la desaparición de la vida. Como dato o costumbre cultural, suena interesante el hecho de que toda esa organización solo apuntaba a reconocer que un ser querido había dejado de vivir. Los restos de la infortunada niña eran acompañados por una multitud a su sepultura. Un triste toque de un cuerno anunciaba que la muerte una vez más había cumplido su cometido y había golpeado duro a una familia. La madre rasgaba su vestido y marchaba delante del cuerpo. Detrás de ella venía un orador contratado para la ocasión, que oficiaba de director de una multitud de mujeres lloronas que con distintos gritos de lamentos resaltaban el carácter y las virtudes del fallecido.

La desgracia de la muerte había entrado a la humilde casa. De nuevo hizo eso único que sabe hacer... ¡y vaya que lo hace bien! Había quitado la vida misma disfrazada de malvada, injusta e inesperada muerte. La desgracia tenía montado su espectáculo propio y lo hacía ver con toda su arrogancia y omnipotencia. Cuán omnipotente se nos presenta la muerte. Qué desgracia es su llegada.

Ha muerto

Se le dice al fatigado padre, lo que ningún padre quisiera escuchar jamás de otros labios sobre la suerte y la vida de uno de sus hijos.

Bañado en su sudor, respira torpe y agitadamente al final de una carrera cortada abruptamente. Apoyadas sus dos manos en sus rodillas, mira hacia abajo intentando recuperar su ritmo respiratorio. Está cansado luego de tan frenética carrera. A tan solo unos metros del Cristo de su respuesta fue golpeado por la mala nueva. La noticia parece hacer añicos los oídos del decepcionado padre: *"Tu hija ha muerto. No molestes más al Maestro"*. Frases tan vacías de vida. Frías, decepcionantes, lacerantes y a todas luces, bien dañinas.

No molestes... Llama la atención la curiosa postura de aquellos que dieron la mala noticia. ¡No molestar! De alguna manera nos representa a todos. Siempre caminamos la vida creyendo que molestamos a los demás. Siempre temerosos de hacer conocer nuestras desgracias por la infundada sospecha de que molestamos a esos que pueden hacer algo por nosotros. Conclusión: viajamos por la vida con nuestros males bien resguardados adentro de nosotros mismos. No hablamos, no queremos molestar y vamos muriendo poco a poco, solo porque alguien nos dijo que hacer saber mi necesidad es una molestia que no debo ejecutar.

No hubo movimiento alguno en el rostro del amante padre. Fue un segundo. Acusó el duro golpe que la noticia dio de lleno en pleno rostro y corazón. Tanto correr para conquistar nada. Tantas puertas tocadas y todas ellas bien cerradas. Cuántos esfuerzos sin recompensa. Cuánto sembrar para nada cosechar. Cuántos intentos y al final *la nada* como única consecuencia. Cuánto correr para nada ganar. Cuántos esfuerzos para llegar a tiempo y descubrir que se ha llegado demasiado tarde. Cuánto buscar al Cristo y a solo unos metros de él, tener que dejarlo porque ya no vale la pena molestar. Cuánta esperanza evaporada en cada eterno segundo de luchas y búsquedas. Qué desgracia es la desgracia. Tanto luchar para que viva una niña que dramáticamente ahora está muerta. Tanto buscar y tanto no encontrar. Qué desgracia, una niña que se muere sin haber comenzado a vivir aún. La niña de tan solo doce años acaba de morir. Cuánta desgracia hay en la desgracia.

Mientras el padre alcanza a por lo menos contarle algo de la grave enfermedad de su hija al Embajador del cielo, en su casa se iniciaron los arreglos para honrar a una flor que acaba de ser cortada. Decepción, desazón. La fe que se desmorona. La esperanza que huye despavorida y no dice a dónde se fue. Momento desgraciado, impensado e inesperado. Momento de enterarse de la desgracia. Odiado y siempre lejano. Pero nunca más cercano para un padre que ha perdido lo más preciado.

Desgracia. Minuto fatídico cuando los pensamientos se confunden, la lengua se traba, la vista se pierde, el pecho se parte, el pulso se detiene, los oídos se cierran, el estomago se enfría, la garganta se hace un nudo y los ojos son dos compuertas que estallan y dejan libre el camino a un río caudaloso de lagrimas. Qué desgracia es la desgracia.

Inevitable. El desfile interminable de fotografías de la vida de su hija y junto a su hija, pasa a velocidad de la luz por la mente de un padre vivo que no quiere seguir viviendo. *"Los padres no entierran a los hijos"*, se dijo hacia sus adentros, y tiene razón. Son ellos los que entierran a los viejos. *"Los niños no mueren tan niños"*, y ya no pudo seguir pensando.

Qué desazón es la desgracia. Cuánto daño hace pasarse unos días en esa maldita coordenada. Cómo se cae a pedazos la vida en esa estación de muerte y desgracia. Tiempo y desgracia. Tan solo un segundo es todo lo que le bastó a la mala noticia para hacer su obra de desazón y desconcierto. Qué desgracia es la muerte. En un abrir y cerrar de ojos se robó a una hija y condenó a un padre a vivir en la tierra de la no esperanza. Desgracia.

Cuántas cosas caen en un segundo de mala noticia. Cuántas cosas se desintegran en un segundo de malas nuevas. Muerte del ser amado.

Infidelidad comprobada y no aceptada. Hijo irrecuperable en la telaraña de la droga. Juicio perdido. Quiebra decretada. Qué obscura es la vida de ese lado. Qué tenebrosas son sus calles en ese costado. Qué poca agua en esos, sus desiertos interminables. Cómo huye la sombra reparadora en esa parada de la vida. Cómo quema el sol del abandono en ese paraje omnipotente. Qué solos estamos aun en medio de la multitud en ese capítulo de zozobra de la vida. Qué desgracia es la desgracia.

La niña se fue y con ella el alma de un padre. Pero qué gracia, qué regalo es oír ciertas palabras en medio de nuestras desgracias. Hasta aquí y detrás de la noticia de muerte de su hija desfilaron humanos bien intencionados, pero solo dando pésames: "Lo siento", "Lo lamento", "Estamos contigo", "Ánimo", "Ya va a pasar", "Está descansando", "Está mejor que nosotros", "En el cielo está sana", "Mejor, así no sufre"… y mil poéticas frases más. Todas con intención de ayudar. Todas lanzadas porque… algo hay que decir.

Todas con su cuota de verdad, pero ninguna con capacidad de reparar el desgarro que es la desgracia de una hija amada que con solo doce tiernos años fue cortada de la tierra de los vivientes. Con tan solo doce años se fue para siempre de la casa de mamá y papá.

Mírenlo, por favor, he ahí a un hombre golpeado por la desgracia de la muerte que le roba a su hija. No hay palabras, solo una frase retumba en sus oídos: *"Tu hija, ha muerto"*. Nada más duro. Nada más injusto. Nada más incomprensible.

Solo duerme, o un enfoque diferente

Así están dadas las cosas. Cerca del Cristo, un padre enmudecido por la crueldad y la omnipotencia de la desgracia disfrazada de muerte. Por otro lado, el Embajador del cielo que espera atento oír la solicitud del desesperanzado padre. Y allá, en la casa, una niña que dejó de vivir y sus restos comenzaron a ser honrados.

El cuadro no admite sino solo frases que estén a la altura de lo que ya es un hecho inevitable. La muerte no admite sino expresiones de resignación, consuelo, aliento, y la mayoría de las veces obliga a hacer silencio mirando a la nada. No obstante la lógica de la muerte que hace de las suyas y a sus anchas en la fragilidad humana, siempre habrá lugar para una frase diferente.

Son esas frases que pueden cambiar todo un destino, por lógico que pudiera ser el mismo. Cuánta diferencia puede hacer una frase. Qué diferencia puede marcar tan solo una palabra. De hecho, las palabras, las frases, se articulan como tales en aquellos que las pronuncian, y en este punto tenemos para todos los gustos. Si acabas de enfermarte vendrán quienes no solo reconocerán tu dolencia, sino que también te ayudarán a tomar las medidas del ataúd que deberás usar cuando por esa enfermedad te mueras.

Pero también están esos otros que a tu enfermedad responderán con opciones de vida, médicos y medicinas. Apostarán a tu supervivencia y a la sanidad completa de eso que te afecta. Enfoque y palabras.

Mira. El padre de nuestra crónica acaba de oír de la muerte de su hija. Extendió sus brazos y detuvo a los que venían con él. Se dijo a sí mismo: *"Por lo menos lo intenté"*, y se dispuso a dar la media vuelta que lo enfrentaría con la nada. No obstante la realidad de lo ocurrido, se paró frente al Cristo. El Embajador del cielo acaba de darse cuenta de que la noticia de la muerte de la hija de ese desconocido hombre ha comenzado a hacer su obra de aniquilación tan inconfundible.

El cuadro es por demás doloroso. Un padre baja su cabeza y deja libre a sus lágrimas correr por sus mejillas. Ahora se lo ve abrazado y consolado por un puñado de circunstanciales amigos. Padre y gente sueltan al unísono el lamento que escapa de sus almas con música de dolor y desgarro.

Ese es un hombre abatido. Intenta ahora encontrar con sus ojos a algún ser querido. Recorre esperanzado a su circunstancial auditorio, deseando ver los ojos de un familiar con quien desahogar su dolor que va en aumento. Pero una escena es digna de ser congelada: acaba de encontrarse con la figura del Cristo de los grandes actos. Solo segundos y no más fueron suficientes para que el Cristo haga su ingreso en la escena más dolorosa y desgarradora de aquella jornada.

Siempre ocurría lo mismo. El aire podía cortarse. La rutina diaria se detenía. Todos en un silencio reverente unían ansiedades a la espera de ver con qué gesto, con qué milagro, con qué palabra saldría ahora el Embajador que vino del cielo.

Miren, por favor, cuánta tranquilidad hay y se observa en el Cristo de las grandes respuestas. ¿Cómo hace para no caer en un ataque de nervios? ¿Cómo hace para no ser víctima de la histeria generalizada? ¿Cómo hace para no explotar en medio de semejantes presiones a las que era diariamente sometido? Porque eso es lo que no se ve en su semblante.

A cambio de eso, solamente hay paz y en cantidades industriales. Con la misma paz y con la mayor de las convicciones, le dice algo al padre que acaba de estrenar su luto. Fueron solo tres cortas y contundentes frases. Las soltó en dos tiempos. En medio del revuelo generado por la presencia del Cristo y la de un padre en agónica desgracia, se le oye al Embajador del cielo decir directo al corazón de aquel hombre:

– *No tengas miedo; cree nada más.*

No temas. ¡Vaya! Más que interesante, más que oportuno. Porque da miedo la desgracia. Sí, y es esa clase de miedo que se come la fe. Es el miedo mezclado con altas dosis de pánico que inmoviliza y ya no nos deja creer en milagros. Miedo que nos hace gritar y llorar, pero jamás creer. Miedo que nos deja solos y nos hace ver tan solo muerte por todos lados. Hay una niña muerta, pero el Cristo se ocupa de un padre que aunque está vivo, ya se siente muerto.

Eso fue todo por ese momento. *No temas, cree solamente.* Nada más. Ni un sermón de cuatro horas, ni un tratado de teología que intente explicar lo inexplicable. El Cristo habla poco y dice mucho. No tener miedo y seguir creyendo. Ni que seguirá muerta, ni que volverá a vivir. Solo creer y no tener miedo. Porque es verdad, cuando tenemos miedo no creemos, solo tenemos más miedo. Solo dos frases: *"No tengas miedo; cree nada más"* y acto seguido, sin esperar una respuesta, el Cristo en silencio se encaminó directo a la casa donde ya habían comenzado a llorar a la niña.

No hizo falta que nadie dijera lo que él había de hacer ahora. Todos, absolutamente todos los presentes allí, se encolumnaron ansiosos detrás del Cristo de las locuras y del padre desgarrado por la desgracia de la muerte de su hija, silenciado por las dos frases más desconcertantes que jamás le hubieran dicho.

¿A dónde vamos? ¿Qué dijo? ¿Qué va a hacer?, típicos interrogantes que iban y venían a velocidades supersónicas de boca en boca en una multitud sedienta por no perderse el desenlace. Oh, por favor, cuánta expectativa, cuánta adrenalina acumulada. ¿Qué se trae el Cristo esta tarde? Este es uno de esos momentos indefinibles. Ocasión irrepetible, señoras y señores: Dios está entrando por la puerta de la casa de la niña muerta.

Acaba de pararse en la puerta de ingreso el Embajador del cielo. Se ve silencioso, como no queriendo hablar por el simple hecho de que haya que hacerlo. De todos modos, saluda cortésmente a un nudo de llorones y dolientes en la casa de la niña que ya no vive, y se muestra dispuesto a hacer lo que vino a hacer.

Cuánta autoridad, cuánta seguridad. Cuán vacío de miedo y de temor. Preguntó por la habitación de la niña y buscó llegar al cuerpo de la misma. El aire ahora se hizo irrespirable. Demasiados adentro de tan pequeña morada. Nervios, gritos, lamentos, el perro de la casa que se coló en el revuelo buscando un hueso para roer de la cena de la noche anterior, y lloronas de desgracias que completan el dantesco cuadro.

Con una voz potente que hizo estremecer a todos los presentes, gritó más fuerte que todos y despidió de la humilde casa a tantos reunidos solo para llorar. Es que en las desgracias solo hay que llorar... dicen. En las desgracias no hay gracias. Pero uno diferente había entrado en la humilde morada y no podría trabajar tranquilo con tantos que solo creían una sola cosa: "No vivirá, entonces habrá que llorarla". Qué fenómeno cuando la incredulidad se apodera de nuestra estructura pensante. No hay cómo sacarnos de allí y nos empecinamos en lo lógico, lo previsible, y cerramos con gigantesco candado la puerta al milagro.

Mientras uno a uno van abandonando la casa, suelta la tercera y más desconcertante de todas las frases: *"No está muerta sino dormida"*. De nuevo el murmullo de la multitud. La pequeña casa es ahora la gigantesca morada del mayor signo de interrogación. ¿Solo duerme? ¿Qué alimaña le picó? ¿Alguna neurona se le dislocó? ¿El Cristo está en problemas? ¿Cómo se atreve a afirmar algo tan ridículo frente a la contundencia de la muerte en esa casa?

La gran mayoría, adeptos a hacer justicia por lapidación, pensaron en hacer real esa posibilidad. ¿Por qué? Porque es una burla, una falta de respeto, una ofensa el simple y valiente hecho de pensar diferente.
No había dudas, la niña estaba muerta. Llama la atención la lectura

distinta que el Cristo hace de un hecho que todos acordaban como de muerte. Esto indicaba por lo menos dos cosas: o estaba loco o para él resucitar a alguien era un trámite tan sencillo como despertar a quien está profundamente dormido. Definitivamente, qué bueno y qué refrescante es que alguien vea las circunstancias de otra manera.

Entre muchos, solo uno vio el cuadro desde una perspectiva diferente. De nuevo la cámara enfoca al padre. La mayoría quiere un linchamiento. El candidato es ese que se animó a pensar diferente. Ese que en vez de muerta vio a una niña dormida. Ahora, estremece la rapidez con la que el dolido padre se une a la visión del Cristo de las cosas ilógicas. La multitud se ofende y quiere linchar, menos el padre más sorprendido de toda la comarca. Tan solo hizo silencio. Su última lágrima acaba de rodar. Es que la manera tan distinta de ver la muerte de su hija por parte del Embajador del cielo lo ha noqueado, y vaya cómo.

Apoyó la barbilla en su mano derecha, levantó sus cejas y se dijo a sí mismo: "¿Por qué no? ¿Y qué si este hombre tiene razón? ¿Y qué si realmente no todo esta terminado? ¿Y qué si había por allí una puerta que no vi, una solución que no intenté, una receta que no probé?" Y entonces supo que solo eran tres en el asunto. La niña muerta, él y el Cristo que vino del cielo. Se encendieron en vida de nuevo sus ojos, y con renovada confianza reclamó silencio y obediencia a la orden del que fue capaz de pararse frente a la misma muerte y darle una lectura diferente.

El *"sino dormida"* le devolvió la esperanza. Fue un gran esfuerzo darle crédito a lo que sus oídos oían y sus ojos veían. El más increíble personaje de toda la historia había entrado en su casa y estaba de pie ahora frente al cuerpo frío de la niña para ordenarle:

"¡Niña, levántate!" Expertos traductores lo expresan de otra manera: *"Niña, vuelve de tu anestesia"*... y al instante la pequeña muerta

volvió a vivir.

No estás muerto, solo duermes

Vaya, vaya. Es verdad. Nos hemos perfeccionado más en los *"ha muerto"* que en los *"solo duerme"*. La vida nos ha rodeado de cosas que se han muerto. El amor, el matrimonio, la familia, las finanzas, la seguridad, la esperanza. Vivimos entre cosas muertas. Conocedores expertos de fracasos. Caminantes avezados de cementerios que se han tragado la fe y la esperanza. Realidades insolentes transformaron nuestras estructuras pensantes. Le han impreso marcas de desazón y le han impuesto conductas de desgracia. Estamos condicionados y programados para no creer. Presentamos mil inconvenientes cuando hay que creer.

Millones en la tierra lamentan sus cosas perdidas. Muere la empresa, muere el amor, muere la pareja, mueren los sueños. Dolor y miedo para exportación. Miedo al miedo. Caminatas interminables por una calle llamada *"Ha muerto"* nos alejan cada vez más de la pequeña y poca transitada senda llamada *"Solo duerme"*. Entonces lloramos y nos damos por vencidos. Somos expertos en reconocer que algo no será más. Somos capaces de describir diez razones por las que algo no volverá a vivir. Podemos pasar horas, entre lágrimas y lamentos, afirmando las causas por las cuales lo que murió no volverá a vivir.

Eso nos ha dado una sociedad de hombres y mujeres prestos para afirmar la imposibilidad y capacitados para justificar la no-creencia. La desgracia vestida de mil ropas que toca a la puerta de nuestras casas. Desgracia que viene sembrando su semilla que mata, petrifica, inmoviliza, lamenta y acusa por doquier. Siempre la desgracia se hace más fuerte en multitudes. En la masa grita y quiere linchar. Siempre viendo con ojos críticos e incrédulos a esos pocos héroes que no se conforman con el *"ha muerto"*, sino que luchan apasionados porque aun creen que *"solo duerme"*.

Es bueno darle la bienvenida a la frescura de una manera diferente de ver un mismo asunto o problema. Cuando para ti y para mí algo murió, para el Cristo solo duerme. Esto sí que revoluciona, renueva y justifica la esperanza. Cuando para nosotros, simples mortales, algo "murió", para el Embajador del cielo ese algo solo "duerme". ¡Oh, pero cómo cuesta reconocer que otro puede ayudarnos! Cuánto orgullo hecho autosuficiencia que no nos deja aceptar una mano que se extiende a favor de nuestra sanidad. La desgracia de la muerte se llevó a una niña y trajo lamentos. El Cristo vino a la niña y le devolvió la vida. Tan solo se paró frente a ella y le habló como a una anestesiada, y la vida de nuevo dijo: ¡Presente!

El Cristo aniquiló la desgracia a pura gracia. La no-vida se rindió ante la vida. La desgracia ladrona de alegrías se entregó al dador de las mismas. La multitud ensayó condolencias y sentidos pésames. El Cristo solo soltó tres frases. La multitud se afirmó en la lógica del no creer. El Cristo dijo: "No te asustes". Los músicos cantaron sus cantos de lamentos. El Cristo dijo: "Solo cree". El padre rasgó sus vestidos llorando la muerte de su niña. El Cristo dijo: "Solo duerme".

Estimado compañero de lectura, no podrás evitar que la desgracia aparezca. Ni tú ni yo. No podremos evitarlo. Pero atención, y escríbelo a fuego en tu corazón. ¡Sí podrás evitar rendirte ante ella! Así que ¡vamos! Anímate y lánzate al apasionante desafío de creer que quizá no estás tan muerto como dices o como te dicen. Vamos, porque es muy posible que solo estés durmiendo.

Un toque diferente

Para que descubramos soluciones aun en medio de la **enfermedad**

Capítulo 

De nuevo el mismo cuadro. Siempre que el Cristo salía a las calles, volvían a repetirse las mismas imágenes. Cantidades descomunales de personas que quieren encontrarse con él. El murmullo, la alegría y la expectativa en constante aumento. Siempre las mismas contradicciones. Unos admirándolo a niveles de enfermedad, y otros criticándolo y deseando su muerte con odios para la exportación.

De nuevo él en medio de una multitud que se agolpa y asfixia. Masa de mortales tumultuosos que se apiñan en frenética necesidad alrededor de su figura. Para muchos esta sería su gran oportunidad. Verlo y tocarlo para satisfacer al curioso que todos llevamos adentro. Detenerlo en su camino con un grito o un tirón de sus vestidos, para lograr que haga un milagro ante males y dolencias interminables, era el objetivo de otros.

De nuevo, señoras y señores, acaba de llegar al pueblo el Embajador del cielo. Es increíble. Cómo pujan todos por un lugar de privilegio. Cómo pugnan por colocarse a unos metros del hacedor de milagros.

Enfermos de toda clase rugen por el mejor lugar. Curiosos infaltables estiran sus cabezas para ver cómo es el Hijo de Dios, cuánto mide, cómo mira, de qué color son sus ojos y cómo hace lo que hace.

Lo que genera la figura del Cristo en la gente es digno de ser analizado. La vida de un pueblo se detuvo por completo una vez más. Bastaba saber de su llegada para que la vida pueblerina se tornara toda hacia la figura de este personaje tan singular. Siempre en medio de gentíos. Pocas veces saboreando la tranquilidad de la soledad. Todo es multitud alrededor de su persona. Ahora, si algo tienen las multitudes es que son expertas en eso de esconder las necesidades individuales. Todo lo personal sucumbe en lo multitudinario. La multitud es como un solo individuo que sepulta las necesidades individuales.

Pero algo pasó en este incidente que marcó la gran diferencia. La fuerza arrolladora de la multitud no pudo evitar esta vez que se diera a conocer una necesidad personal. Esta vez los gritos y apretujones no fueron tan poderosos como para asfixiar una necesidad que se hizo visible en formato de mujer. Sí, estimados lectores, hay una heroína que se roba todo el protagonismo en esta sección de la obra. Una como millones a lo largo de la historia. Común, anónima, intrépida, valiente. Mujer que hace historia y construye un testimonio de arrojo. Mujer, como las que leen este escrito, solas pero decididas. Enfermas, pero en batalla. Mujer que llega al centro mismo de la tumultuosa escena con su cuerpo azotado por la enfermedad y el alma apretada por el desaliento.

Multitud egoísta

Historia apasionante la que viene para nuestro análisis. La historia del *uno* en medio de los *muchos*. La del *uno* en medio de los *miles*. Es la historia que rompe con el paradigma que dice que *en la multitud todo se masifica*. El pelo en la leche. La mosca en el mismo líquido vacuno. Pequeñez que hace la gran diferencia. Pequeñez que no por tal no puede distinguirse. Historia cotidiana, diaria, doméstica. Exponente certero de la vida de millones que perdidos en la multitud se afirman en el hecho de que morirán como parte de la misma. Perdidas en la gigantesca constelación de personas que conforman las grandes urbes, hay historias de *unos* que en silencio y demasiado aprisa corren por la vida buscando a ese alguien que atienda sus miserias.

¡Multitud, multitud... que devoras personas y haces creer a millones que no hay razón para distinguirse, que no hay justificación para sobresalir! ¡Multitud, multitud... que obligas a los tuyos a limosnear sus causas tocando puertas de acero cubiertas de insensibilidad y desprecio! Pero qué viento fresco es encontrarse con uno que utilizó esas realidades solo como escalones para saltar a su beneficio. Qué inyección de entusiasmo. Qué nota para la admiración. Qué propuesta de inspiración contundente e inequívoca es la actitud de aquel que, teniéndolo todo para morir, usa sus pocas fuerzas para seguir viviendo, para seguir buscando aquello que milagrosamente puede hacer la diferencia.

Multitud que rodea al Cristo. Sea en un escenario pueblerino de hace más de dos mil años, o sea en la más moderna capital del tercer milenio, siempre ocurrirá lo mismo. Cambió el calendario, pero no la gente. Cambian las fechas, pero no las personas. Necesidades y pedidos individuales permanecen y hasta mueren, ahogados en el movimiento de la gran masa de mortales. Si hay multitud, así como ayer también hoy, se hará notorio el mismo fenómeno. Todos pedirán una solución. La desesperación no espera por citas programadas, no pide formales entrevistas, ni necesariamente desea el confort de un consultorio.

Enfermedad y desesperación son una dupla que demanda atención aquí, ahora y en la misma calle. No hay diferencia con los reclamos de atención hechos diariamente al Cristo de los milagros. Todos pugnan por ser los primeros en ser atendidos. Todos luchan por estar más cerca de aquel que va a responder a sus pedidos. Nadie habla respetando un orden para el uso de la palabra, sino que lo hacen todos a la vez. La suma de todos estos elementos resulta en una multitud que oprime, forcejea, aprieta y decreta que solo algunos lleguen a lograr su cometido.

Es la típica conducta de las masas. Moviéndose cual marea humana, esconde en ella gritos de necesidades individuales y libera gritos de causas populares. Multitud que, plagada de curiosos, insatisfechos, enfermos y críticones, hará hasta imposible que la causa de una persona pueda ser digna y respetuosamente escuchada. Multitud que reclama soluciones para todos. Multitud que no reclama soluciones para uno.

Un toque que detiene

Pero de nuevo la disonancia. De nuevo alguien que se anima a hacer la diferencia. Una vez más un anónimo que se roba un pedazo y un lugar en la historia. No se sabe su nombre, solo se sabe que es mujer. De hecho, hasta su aparición nadie tiene el más mínimo dato que ayude a armar una posible imagen de quién es ella. ¿Por qué? Es simple: nadie la conoce. No obstante, ella se ha metido en medio de la multitud. Viaja con ella. De cuerpo diminuto, cabello largo, tez enfermizamente blanca, dramáticamente pálida, mirada perdida y demasiado frágil para sus años, va y viene rebotando en el avance de la multitud indiferente. Ella es la protagonista de esta historia. Nadie lo sabe, tampoco lo sabe ella. Es la que no tiene fuerzas.

Es la que se transformó en un manojo de nervios y dolores. Es la anónima que ese día salió presurosa de su casa, exaltada por la idea que hace días no la deja dormir. Sabía que el Cristo pasaría cerca de su olvidable vivienda, y se propuso ensayar mil maneras de llegar a él. Pero una y otra vez la misma pregunta: "¿Cómo hacerlo en medio de una multitud de frenéticos, curiosos y dolientes?"

Ningún mortal de buena voluntad se dignaría a reprimir su propia necesidad de ser atendido por el Cristo para auxiliar a una mujer que hace doce años padece de hemorragias que poco a poco la van dejando sin vida. Doce años de sistemática hecatombe. Incontables jornadas de tortura privada. Rituales diarios de aborrecibles acciones médicas e higiénicas, que no logran frenar a una muerte que en cómodas y dolorosas cuotas se va quedando con su vida. Noches en vela. Mañanas de dolores. Almuerzos no deseados. Camas maltratadas y toneladas de paños que ayudan, pero no detienen la vida que se va poco a poco en cada gota de su sangre. Es una mujer enferma. Idéntica a esas miles que les tocó vivir la peor parte de la vida. Siempre enferma, siempre en necesidad.

Doce años de hemorragias fueron doce años de búsqueda por cortarlas. En el proceso –y era de esperarse– se quedó sin los pocos bienes que alguna vez, en sus épocas de vigor, había logrado reunir. Todo a cambio de ser sanada. Todo a cambio de un día sin la maldición de su sangre que la abandona sin explicaciones.

Hasta que llegó el día diferente. El día en que lo que siempre fue deja de serlo. La nota alentadora de este cuadro, por cierto, es que la diferencia no la hizo un tercero, sino que fue una nota perfectamente ejecutada por ella misma. Aun el Cristo avanzaba en sus menesteres sin considerar la desgracia de la infortunada mujer. El vocerío, los apretujones, el calor, todos van en aumento sin control alrededor del Embajador del cielo.

Nadie, absolutamente nadie tiene la más mínima sospecha de lo que va a acontecer en los próximos minutos. En medio de las fauces de una multitud que persigue, se apresta a saltar a la cumbre de su conquista una mujer inmortalizada no por su nombre propio, sino por la enfermedad que en pocos minutos dejará su cuerpo para siempre.

Se abrió paso en medio de todos, de tal modo que sin darse cuenta nuestra heroína se descubrió a un metro del Cristo que tanto ha venido buscando. A tan solo un metro del cambio. A un instante de la transformación. Y allí está ahora, obsérvenla, todos en lo suyo, pero ella determinada a una sola cosa: tocar su manto. Está decidida.

Si pudieran congelarse las imágenes del movimiento continuo de los miles detrás del Cristo, podría repararse en un verdadero espectáculo que, sin proponérselo, la anónima mujer que se queda sin sangre ofrece para todos nosotros. Miren sus ojos. Observen el esfuerzo gigantesco por permanecer de pie, en medio de una multitud indiferente, mientras da pasos llenos de vigor y esperanza en dirección al Embajador del cielo.

Varios inconscientes la han empujado y pisoteado; sin embargo, se lee determinación en su blanco rostro. Señoras y señores, definitivamente no hay obstáculos para tanta voluntad concentrada en ese frágil envase de una mujer casi sin sangre. Su sangre casi no fluye, pero su voluntad trabaja al máximo de su potencial. Solo quiere tocar el manto. No tiene otro objetivo en su mente. Tan solo tocar el manto.

La imagen polvorienta y frenética de este cuadro es ahora cruzada cual relámpago de verano por una mano. Es la mano de la que ya no puede, que se ha estirado en un esfuerzo para el ejemplo y, finalmente, obtiene su premio. Logra tocar ese manto tan preciado. Un canto a la vida. Un canto a la esperanza entonado por una mujer que se quedaba sin sangre, pero jamás sin determinación. Eso fue todo. Un toque y guardó una vez más su mano. Un toque. Un rápido toque y se hizo la diferencia. Fue solo tocar el manto del hombre que le renovó sus esperanzas. Muchas otras veces tocó las manos de vendedores de ilusiones. Cuántas veces tocó puertas de supuestas esperanzas. Tantas veces que se convenció a sí misma de que ya nada le quedaba por perder.

Por otro lado, ¿quién haría algo por ella sino ella misma? Ese fue un toque diferente. Todos tocaban y aun apretaban al Cristo. Pero ninguno tocó como ella. No tocó las manos, no abrazó los pies, no acarició los cabellos. Solo fue un toque a un desgastado vestido. No fue un apretujón ni un rebote producido por la marcha alocada de la multitud que rodeaba al Cristo. Fue un toque diferente. Un toque poderoso. Es el toque consciente, y solo esos son los que detienen.

Ni un grito, ni un reproche. Solo bastó que acariciara el preciado manto y todo dejó de moverse. Sí, todos dejaron de moverse. "¿Qué hice?", se preguntó para sus adentros. Es que el Cristo detuvo su marcha en seco, abruptamente. Algo lo frenó inesperadamente. Volteó su rostro hacia atrás y con ojos incisivos comenzó a buscar al que se animó a marcar la diferencia. Virtud sanadora había salido de él.

–*¿Quién me ha tocado?* –preguntó el Embajador del cielo.

–¡Todos! –respondieron sus incrédulos y sorprendidos discípulos.

Porque la multitud no logra distinguir los toques individuales. Qué silencio más solemne ganó su lugar después de la pregunta del Cristo de las grandes preguntas. Es el ya conocido silencio que continúa a uno de sus interrogantes. La marcha se detuvo. El polvo se elevó. Los perros no ladraron. Los comerciantes salieron a la puerta de sus tiendas. Los discípulos ahora buscan a un culpable. La masa se detuvo a solo un metro alrededor de la figura del hacedor de cosas increíbles. Allí de pie en medio de un círculo casi perfecto de humanidades que lo buscan, el Cristo vuelve a interrogar a quien corresponda:

–*¿Quién me ha tocado?*

Y de nuevo el silencio que estremece y llena de emoción y expectativa.

No hubo que esperar demasiado, bastó una fracción de segundos y la mujer de imagen cadavérica, respirando cansada, sudando frío y bañada en su propia vergüenza, se vio descubierta. Pidió paso respetuosamente a los tres hombres que usó de escudo para ocultarse del que todo lo ve y todo lo sabe, y temblorosa se arrodilló delante de él y le dijo simplemente:

–¡Yo fui la que te toqué!

Un toque diferente. Hay toques que detienen a Dios. Los intrépidos, valientes y arrojados son capaces de producir esos toques que los diferencian de la masa. Una débil, diminuta, cansada y enferma mujer a fuerza de fe y determinación provocó que el Cristo se detuviera para atender su causa.

Actitudes que obtienen premios

Con dos actitudes puede enfrentarse la vida. No busquemos más. Una es solo esperar que las cosas ocurran, y la otra es esforzarse para hacer que las mismas sucedan. Sufrida mujer que perdió sangre, pero jamás ni una gota de su voluntad. Le dolían sus huesos, pero no tanto como para no estirar sus brazos en busca del alivio tan deseado.

Mujer que en doce años perdió demasiado, pero no la esperanza. Mujer que en más de una década solo obtuvo *nada* como respuesta, pero ni aun la nada fue tan poderosa como para doblegarla. Mujer débil pero fuerte, y no es ninguna contradicción. Mujer enferma pero aún con vida. Mujer de voluntad inquebrantable que no deja bajar los brazos. Es una u otra la actitud. En todo caso siempre es una cuestión de decisión.

Sabido es que la tierra ha sido invadida y gran parte de ella conquistada por un ejército de hombres y mujeres con sus caras desencajadas, sus hombros caídos, su mirada perdida, su caminar arrastrado y lento, y sus ojos secos y vacíos de lágrimas que ya fueron lloradas. Son los que víctimas de cruentos conflictos han bajado la cabeza y decidieron llorar el resto de sus existencias. La vida los golpeó e insensiblemente les hizo probar su bocado más rancio para una existencia que siempre duele tener que vivirla. No es derecho humano elegir qué circunstancias queremos que la vida nos presente a la vuelta de la esquina. Simplemente llegan y dicen presente de manera omnipotente.

No quedará más remedio, habrá que decidir qué haremos con el virus que la vida inyectó en nuestra misma sangre. Grande es este misterio, pero ocurre. Unos entregados a su drama, que no solo no siguen probando posibilidades para vencer al intrépido enemigo, sino que abrumados por el cuadro del que son parte estallan en mil reacciones de reclamo a quien quiera oírlos.

Enfermos, tristes y furiosos, todo está listo para que la muerte pase por su próxima víctima. Un asunto de actitud. Una lectura que invita a la emoción y la esperanza es la batalla que ganó esta mujer de años hemorrágicos. Pudo haberse quedado en casa y esperar que el Cristo fuera a ella; sin embargo, salió a buscarlo esa mañana. Pudo haberlo juzgado y con toda dureza y justicia haberle increpado por su presente de dolores y diarias agonías, pero calló, permaneció en silencio. Pudo haberse parado frente al Cristo y esperar que este acertara cuál sería su necesidad; sin embargo, se acercó y esperó su momento. Pudo en un arranque de hastío y cansancio desquitarse con el Cristo rompiendo sus vestidos, mas se acercó en silencio y solo acarició el borde del sagrado manto.

He ahí la gran diferencia. La mujer de las eternas hemorragias simplemente se decidió por hacer que las cosas sucedieran. En silencio, con perfil bajo y apostando al anonimato. Enfermedad y espíritu inquebrantable, una alianza estratégica que hace la diferencia y empuja a presentar batalla y no rendirse. Decisión que no acepta la tentación de replegarse y hace posible atrapar el premio más anhelado de la anémica mujer. En tan solo un instante y, conmovido por tanta tenacidad, el Cristo dejo oír la más esperada de sus sentencias:

–Tu fe te ha sanado... vete en paz.

Ve en paz. Ve tranquila, luchaste, por eso obtuviste aquello que tanto buscaste. Qué manera de sorprender al Embajador del cielo. Un pedazo de cielo acaba de vivir en medio de una polvorienta calle terrestre. La responsabilidad no recae en un arcángel. Tan solo una débil y sangrante mujer ayudó con su determinación para el milagro.

Si no estás muerto, es porque todavía vives

Qué inspirador el espíritu de lucha en el ser humano. Cuántos miles de héroes y heroínas caminan silenciosos las calles de sus batallas. ¿Qué ves pasar cuando delante de ti se cruza otro ser humano? Ropas, gestos y posturas que siguen siendo el más efectivo de todos los camuflajes.

¿Qué se esconde detrás de una sonrisa? ¿Qué batalla se lleva a cabo detrás de una ropa bien costosa? ¿Qué monstruos atacan inmisericordes el secreto de esos miles que diariamente enfrentan el ritual de hacerle frente a empecinados destructores de la esperanza? ¿Quién alcanza a conocer todos y cada uno de los torturantes momentos detrás de la puerta principal de una casa? ¿Cómo se vive y convive con el poder de una puerta cerrada, dejando ocultas interminables tardes de lágrimas por el dolor de una quimioterapia? O con ese espejo que ayer supo decir la verdad de la belleza juvenil, pero ahora cual traidor consumado y desconocido muestra un rostro huesudo, de ojos hundidos y una cabeza despojada cruelmente de su orgullosa cabellera.

Días de fiestas y risas para algunos son los días en que otros escapan al refugio de la sombra y la soledad, forzados a llorar sus hemorragias más lacerantes. Unos levantan su copa de champán, y al mismo tiempo otros excavan sus tumbas de enfermedad terminal. Días contados y contándose por culpa de un parte médico que informa vacío de vida y colores que ha sido trazada una línea que acabará con la vida de otro ser humano.

El capítulo que nadie quiere ver, ni menos protagonizar, de esta a veces contradictoria vida, era el capítulo que la anónima mujer se vio obligada a hacer real. Doce años. Muchos, demasiados, interminables. ¿Cómo vivir cada eterno minuto de dolor de esas interminables y agónicas jornadas? ¿Y qué del gigantesco acopio de preguntas que no tienen respuestas?

Así como ayer, es el mismo cuadro hoy. La vida cambia sus fechas, pero no sus exámenes. La misma prueba, pero distintos humanos que se resisten a seguir sentados un minuto más a la mesa de tan cruel examinador. No quieren, no quieres, no quiero el examen de la enfermedad terminal. No quieren, no quieres, no quiero pensar en irme cuando quiero quedarme. Todos nivelados por la vida. Todos alguna vez escucharemos por nuestros nombres propios el llamado a ingresar en sus aulas tan temidas. No pueden, no puedes, no puedo cambiar tan claras reglas de juego.

Eso lo supo en carne propia y por doce años la mujer que se iba quedando sin sangre. No pueden, no puedes, no puedo cambiar las reglas de la ley de la vida, es verdad; pero sí pueden, sí puedes y sí puedo cambiar las jugadas. Si no estás muerto, es porque todavía vives, y eso significa oportunidad y también esperanza.

Ese es el mensaje de este difícil capítulo que escribo. Una decisión y cambiarán todas las cosas. Rendirse o presentar batalla. Quedarse o seguir. Buscar o desertar. Una mujer que veía impotente cómo su vida se iba con su sangre decidió seguir, se dijo a sí misma que seguiría buscando. Se arengó a sí misma: "¡Ya más nada tengo que perder!" Mujer que mejor que nadie comprendió el valor impagable de cada minuto de su agonizante vida, y decidió entonces utilizarlos para seguir buscando. Había una enfermedad en sus venas que se iba quedando poco a poco con toda su vida. Pero había una decisión determinada en su mente.

Hay quienes mueren y aún están vivos. Hay quienes sabiéndose morir se agarran esperanzados a lo que les queda de vida. Es el caso de esta valiente y ya no tan desconocida mujer. Una enfermedad de muerte disparó una decisión de vida. Ella de alguna manera lo supo. Cada vez que el sol inaugure un nuevo día, habilitará una nueva jornada de oportunidades y sorpresas inesperadas, y eso la mantuvo expectante cada jornada. Siguió, y a causa de eso se encontró con el Cristo.

Cuando todo era no, se encontró con un sí. Sí, era el mismísimo Cristo frente a ella. No era de extrañarse que levantara su mano simplemente para tocarlo. Cuánta pasión y cuánta sencillez de ambiciones. No esperaba ni una cena a solas con el Creador del mundo, ni una conferencia ni un complicado ritual de imposición de manos por parte del Cristo. Simplemente ella quería tocarlo.

Y así habla la historia de ella. En medio de la gran multitud se erigió como un monumento a la determinación, el coraje y la esperanza. Silenciosa y temblorosa, cerró sus oídos a amigos y ajenos que en tantos años de molestas hemorragias fueron acondicionando su féretro de desconsuelo. Decisión. Duele, pero no tanto como para no intentarlo. Entonces extendió su brazo y con sus huesudos y largos dedos acarició el manto del Cristo de los grandes cambios. Decisión y determinación de seguir cuando todo diga que no hay que hacerlo, cuando todo denuncie que no vale la pena, y aun cuando la enfermedad haya marcado un día en el calendario en el que deba dejar la tierra de los vivientes. Seguir en una dirección, aunque con las últimas fuerzas, pero seguir.

Diferénciate de la multitud que te asfixia con sus verdades de muerte sobre tu existencia. Cierra oídos y abre esos cansados ojos, enfócalos directamente en la persona del Cristo que, así como ayer, sigue pasando delante de toda una humanidad, esperando que alguien haga la diferencia estirando sus manos, aunque no sea más que para tocar suave e imperceptiblemente sus vestidos.

Ese es el Cristo, el que no se detiene ante la tentadora y dulce propuesta de elevar a ídolo su persona. No son los impulsos de un corazón egoísta y enfermo por glorias y aplausos traicioneros los que detienen al Embajador del cielo. Hace el "pare" correspondiente ante el gemido sincero de uno que no se rinde, y que por eso lo seguirá intentando.

Con toda seguridad probaste todo y no obtuviste nada. Sería posible volver a repetir la historia. En medio de tanta euforia, de tanta indiferencia y locura multitudinaria, puedes hacer la diferencia. Estira tu brazo y toca al Cristo por medio de tu preciada fe, y prepárate para que se haga cargo de tu causa.

Casa prohibida

Para que desaparezca por siempre la dolorosa e indigna **discriminación**

Capítulo

Tendría yo unos nueve años de vida, y aun con mis cuarenta y cinco de ahora, el recuerdo de una escena de mis días adolescentes permanece bien claro todavía. Era el temor de todos mis compañeros de aventuras adolescentes y mío, por supuesto, la casa de la señora Rosa. Mujer común y corriente de nuestro querido e inolvidable barrio. Decían las malas lenguas que el oficio de la estimada mujer eran las artes hechiceras. Justamente, y a causa del comentario, su casa era conocida como *"la casa de la bruja"*. Lo llamativo del cuadro era nuestra reacción natural a semejante noticia, y en todo caso es lo que potencia mi recuerdo.

Era algo bien concreto, ya que o nos cruzábamos de calle o simplemente esa casa la pasábamos corriendo tan rápido como nuestros pies pudieran. Era una casa prohibida, etiquetada con nombre y reputación que inyectaban miedo de alto calibre a nuestros tiernos años adolescentes. Qué increíble y extensa es la riqueza de la ocurrencia humana para etiquetar situaciones y condenar al distanciamiento a cosas y personas. Con cuánta facilidad tildamos, discriminamos y tomamos posiciones. Pero, en fin, así están dadas las cosas en nuestra apreciada y maltratada vida.

En esa línea de pensamiento se ubican también esa infinidad de avisos al frente de un edificio, propiedad u oficina tales como: "Propiedad privada, no avanzar"; "Prohibida la entrada a toda persona ajena a esta empresa"; "Cuidado con el perro" y frases similares. Algo están advirtiendo los mismos. Alertan sobre alguna consecuencia oculta en el caso de no respetar lo que en ellas se prohíbe. Previenen sobre los estragos de un ataque perruno a nuestros tobillos, en última instancia. Pero esto es habitual, hasta natural, y si se quiere es también uno de los recursos de defensa más utilizado en estos días de temerosa inseguridad.

Ahora, distinto es el caso de esa otra clase de prohibiciones que no aparecen escritas en un cartel, pero son tan fuertes como aquellas y aun inequívocamente discriminatorias. La casa del violador, la casa de la bruja, la casa de los drogadictos, la casa del alcohólico, la casa de la prostituta, la casa del preso, y otras mil frases o posturas más que hablan de una fama, de una manera de vivir supuestamente reprochable, sospechable, e invitan a todas luces a tomar ciertos recaudos; entre ellos, por qué no, pasar lo más lejos posible de allí.

Un hombre marcado

Me apasiona el análisis de la siguiente historia. Es la historia de uno que vivía en una de esas casas prohibidas. La reputación y la fama del hombre ya eran parte del conocimiento público y colectivo; de hecho, nadie de toda la ciudad desconocía al famoso dueño de la casa más odiada de la comarca. Se sabe que el oficio del pequeño Zaqueo era el de cobrador de impuestos, y tan buena fue su carrera que ya era jefe de sector dentro del intrincado sistema tributario de su tiempo. La nota curiosa de esto era la talla del despreciado hombre.

Bien bajo de estatura, regordete y con profunda calvicie eran rasgos que completaban la imagen de un hombre que para esos días ya se había constituido en el objeto central y principal de las más refinadas y descarnadas burlas y comparaciones. Petiso y cobrador de impuestos, todo estaba dado para que la máquina de la discriminación funcionara a la perfección. No hay nada de malo en tener esa estatura, y menos en hacer dicho trabajo; de hecho, se espera que alguien tenga que hacerlo.

Lo distintivo en la experiencia de nuestro querido Zaqueo es que producto de su ocupación llegó a ser inmensamente rico. Pudo amasar una fortuna definitivamente envidiable. Tampoco está mal que, como producto del esforzado y honesto trabajo, se reciba como consecuencia la riqueza correspondiente, pero hilando más fino, se sabe que Zaqueo era capaz de cualquier cosa con tal de que los impuestos fueran tributados; el gran problema consistía en que tan ingrato trabajo lo hacía no a favor de sus conciudadanos, sino a favor de un imperio invasor. Un compatriota al servicio de los odiados invasores. Eso sí que era razón suficiente para ganarse el desprecio, la burla y la discriminación de todos aquellos que no podían considerar tal situación sino como una flagrante traición.

Así se ganaba la vida nuestro querido y nunca bien ponderado don Zaqueo. Cobrador de impuestos de oficio y traidor de sus compatriotas por convicción. Había contra él odio a niveles de exportación, y no era para menos, por cuanto jamás en su meteórica carrera Zaqueo dudó en aplicar los métodos más reprobables e inhumanos contra sus propios hermanos con tal de llevarse el tributo.

Allí va entonces nuestro personaje central en la historia que nos ocupa. Conocedor del desprecio y el vacío al que fue condenado por sus hermanos a causa de la ocupación que ostentaba, cada día, cada semana cumplió con sus demandas. Es en uno de esos perdidos días de ocupación tributaria en el que Zaqueo se mete en la historia y se queda con un pedazo de ella. El petiso, pelado y regordete cobrador de impuestos se choca ese día con el personaje más cautivador e increíble de toda la historia. La calle principal de su pueblo se enfermó de locura una vez más.

La figura esbelta, el paso seguro, las manos extendidas en infinitos toques de amor y misericordia, el cabello volando por la suave brisa que sopla ese día, y la sonrisa fácil y espontánea regalándose a miles de frenéticos seguidores, lo convierten en una figura imposible de obviar. Es el Cristo que caminando la dura calle central de la ciudad se apresta a hacer de ese día un día para no olvidar jamás. Es que eso tiene el Cristo, la capacidad de hacer que un día bien común y corriente se ubique en el sitial de preferencia en los registros de la historia personal de ignotos y aun de famosos mortales.

Por supuesto, el temido cobrador de impuestos no fue la excepción a este principio. Él también quiso ver al Cristo. ¿Curiosidad, cholulismo o sincera necesidad? Con absoluta objetividad, no sospecho que ninguna de las dos primeras fueran las motivaciones del hombre que cobra impuestos. Sencillamente es duro y hasta intolerable ser el enemigo de los propios hermanos. Se hace simplemente indescriptible ser conocido como el traidor de los propios compatriotas. Se hace insostenible vivir con el juicio popular que acusa minuto a minuto como vende patria. Se hace desgarrador saber que la casa maldita es la casa en la que vivo yo.

Definitivamente, el gran Zaqueo necesita encontrarse con esa clase de personas que no lo juzguen antes de sentarse a hablar con él. Necesita de alguien que se digne y anime a cruzar la puerta de la casa prohibida, pisar sus pisos y sentarse a la mesa por pocos conocida. Indiscutiblemente, Zaqueo necesita que alguien atienda su herido y necesitado corazón, por encima de su fama de traidor.

Se conformó quizá con verlo de lejos. Es que se dijo a sí mismo: "Él no puede pensar diferente que el resto de los de mi nación". Y de alguna manera se afirmó en la idea de que ni aun el Cristo escaparía a la costumbre popular de verlo como el hombre prohibido. Por eso, y gracias a su baja estatura, se vio en la necesidad de buscar lugares altos desde los cuales pudiera observar al hombre que atrapó su atención y aun su corazón. Buscó ansiosamente un lugar hacia delante en el camino que recorrería el Cristo, y solo se encontró con un árbol. Solo un árbol, así que en fracción de segundos el hombre más odiado de la ciudad se trepó con velocidad gatuna y se acomodó en su improvisada y privilegiada platea de ocasión. Allá, a unos cien metros, no solo vio una multitud, sino que supo que ese que venía a la cabeza de la misma era inequívocamente el Cristo de su obsesión. En esa fuerte rama que ofició de improvisado sillón, se quedó mirando al Cristo, cargado de emoción y conteniendo en su pecho el deseo de bajarse para demostrarle toda su admiración. Pero allí se quedó, solo en la rama del árbol de su salvación. El gran Zaqueo tenía miedo. ¿Qué harían con él si caminara en medio de la multitud? ¿Cómo reaccionarían cuando vieran entre ellos al compatriota que los traicionó? Entendió que su lugar siempre estaría lejos de sus vecinos, lejos de sus hermanos y lejos de esa multitud. Simple. El poder de la discriminación había hecho con él su mejor acción. Era el hombre prohibido, cobrador de impuestos, y por ello para sus compatriotas no era más que un repugnante y reprochable traidor.

Una casa prohibida

Su fama lo marcó y su casa quedó prohibida. Era *"la casa del traidor"*. Era la casa del que fue capaz de venderse por una mejor posición. Una decisión, un trabajo y un sospechoso estilo de vida como consecuencia, y nada sería igual para el pequeño cobrador de impuestos. La casa señalada y por todos evitada. Zaqueo, el hombre cuyo nombre lo mantiene vivo irónicamente, una fama de la que quiere despegarse. Él es Zaqueo, *"el zaqueador"*. Un hombre repudiable que quedó marcado por la fuerza del juicio social. Por ser tan significativo ese asunto es que quiero, para reforzar el concepto que nos ocupa, citar una circunstancia muy común en esos días, que aun con diferentes cuadros y actores nos muestra perfectamente cómo opera este principio de discriminación.

Esos actores son personas, anónimos mortales que habían sido tocados por la maldición de la lepra. Cruel y monstruosa enfermedad. No había cura para los que la sufrieran; por esa causa y como producto del total desconocimiento de cómo operaba la misma, simplemente se limitaron a tomar medidas lógicas que impidieran su posible propagación. El resultado fue el aislamiento del enfermo; más aun, todos los leprosos eran confinados a vivir juntos, pero lejos de la comunidad. Como si esto fuera poco, le era obligatorio a cada leproso portar una especie de pulsera en tobillos y manos que debía hacer sonar para anunciar su sucia y temida presencia.

Para los sanos no era un problema, simplemente se hacían a un costado al verlos venir. El tormento era del pobre y desdichado leproso. No significaba solo cargar con el hecho de estar enfermo y condenado a morirse deformado, sino también intentar convivir con el cruel designio social que por su enfermedad los separó y los discriminó llamándolos leprosos. Considero oportuno citar una secuencia contemporánea a los tiempos de Zaqueo, por cuanto aun cuando los actores son distintos, el principio que los inspira es el mismo.

Cobrador de impuestos al servicio de Roma y traidor a la patria. Consecuencia: su casa fue prohibida. Lepra comiéndose los huesos y deformando el cuerpo. Consecuencia: confinado a vivir solo y a gritar su maldición. El primero era odiado y segregado por el trabajo que tenía. El segundo era separado de la comunidad por la enfermedad que padecía. Un trabajo, una enfermedad, causas suficientes para que la maquinaria de la discriminación hiciera sentir su efectividad en simples, sufrientes e imperfectos mortales.

Eso tiene de distintivo la omnipotente raza humana. Juzga, toma posiciones, discrimina, separa y aísla personas como si fueran cosas. Color de piel, posición social, orígenes dudosos, apellidos comunes, poder adquisitivo, color de cabellos, son razones más que suficientes para etiquetar famas, éticas y personas de todo lugar.

Pero hay algo más: ¿qué sucede cuando estos han cometido algo repudiable? ¿Qué hacemos con ellos cuando se desenvuelven en labores no del todo recomendables? ¿No es verdad, acaso, que antes del corazón juzgamos las acciones? ¿No es verdad que la suma de ropas, color de piel y de cabellos ya nos propone un prototipo de personas? ¿No es verdad, acaso, que hacemos valer a los mortales, más que por lo que ellos son y representan, por dónde viven, cómo viven y de qué viven? Gústele o no al estimado lector, sabemos que esto funciona así.

Nos cuidamos de los argentinos, todos son irrespetuosos, corruptos y seguro nos van a intentar robar algo. Nos reímos despectivamente de los bolivianos por su color de piel y su falta de agua. Sospechamos de los colombianos porque deben tener droga. Asumimos que todos los brasileros viven de fiesta y carnaval. Rechazamos a los estadounidenses porque deben querer quedarse con algo nuestro. Le decimos chino a un coreano, a un japonés y a un tailandés. Vemos a un mexicano y lo vemos mojado, ilegal, cantando mariachis y comiendo *chile* por doquier. Decimos italianos y suponemos que todos son prototipos de amantes latinos. Pensamos en un inglés y lo pensamos acartonado, serio y tomando té. ¿Te das cuenta? La discriminación viaja con nosotros en nuestra propia sangre.

Si es blanco, es digno y superior. Si es negro, es vago y ladrón. Si es amarillo, practica karate y me va a vender un televisor.

Ese es el punto exacto del juicio que se desató sobre la persona de nuestro maltratado Zaqueo, cobrador de impuestos de profesión. Por su ocupación fue juzgado y mortalmente segregado. Ahora, ¿quién tiene o quiere tener tiempo para indagar en la agonía lenta a la que es sometido aquel que es discriminado? ¿Cuántas sensaciones inexploradas en el corazón de un mortal que ha sido etiquetado y tan cruelmente segregado? ¿Cómo era cada minuto privado, a solas, del Zaqueo despreciado y prohibido? ¿Qué incontable cadena de sentimientos se agolpaban en la mente y el corazón del pequeño cobrador de impuestos, luego de un nuevo desprecio y un nuevo grito desde la calle frente a su casa que lo acusaba de traidor de los hermanos? ¿Por qué siempre es más fácil reírse, denigrar, acusar y discriminar a partir de lo que ven nuestros ojos? ¿Por qué somos capaces de asumir posiciones sin haber hablado con aquel al que acusamos y discriminamos?

Esa es la raza humana, quizá por eso hemos transformado al planeta en un gigantesco polvorín. Por una u otra razón, lo cierto es que Zaqueo es una muestra contundente de lo que somos capaces de hacer los seres humanos con nuestros propios hermanos.

Es así que una sensación tomó cuerpo en el corazón del hombre que por su oficio todo lo ganó, menos la simpatía de los que crecieron con él y lo conocían de toda la vida. La sensación de que simplemente se había quedado solo. Cómo duele vivir solo. Y duele más cuando la soledad es solo la consecuencia de la autosuficiencia de un prejuicio que condenó al pequeño Zaqueo a vivir como un leproso. Es esa clase de soledad que duele y deja grietas de vergüenza en el corazón de un prójimo. Un hombre solo, lleno de dinero pero sin posibilidad de poder disfrutarlo. Tenía dinero, pero era mal habido; fue inevitable entonces el vivir encerrado.

En cada calle, en cada esquina, en cada tienda, siempre decían presente un par de ojos acusándole y deseándole lo peor. Saludos esquivos, invitaciones a fiestas canceladas. El hombre no solo es el traidor, es también un gran ladrón. Todo está dado para recibir a una víctima más de la maldita y mortal segregación.

Una fama cambiada

La tumultuosa jornada en la calle de la ciudad nos depara algo más. La procesión henchida de risas, expectativas y esperanzas camina frenética detrás del Cristo de los grandes actos. Hasta que la cabecera de la misma quedó justo debajo de un gran sicómoro, árbol de grandes e importantes proporciones, propio de aquellas lejanas tierras. Allí se detuvo la imponente multitud. Una necesidad de hacer silencio se apodera de todos al cabo de unos segundos. Es que, curiosamente, esta vez el Cristo no mira hacia el costado, tampoco hacia atrás ni menos hacia abajo. Mira hacia arriba y ha iniciado con alguien una conversación.

Sí, alguien está subido en ese árbol y el Cristo ha entablado una charla con él. Es obvio que la inmensa mayoría no logra estar al tanto del improvisado diálogo que se lleva a cabo sin ningún vestigio de preocupación por la masa de gente que espera por un acto sorprendente del Cristo de los milagros. Mucho menos logran descubrir quién es el personaje que responde escondido en una gran rama.

Es que en ese frondoso follaje se encuentra nada más y nada menos que el pequeño y bien odiado Zaqueo. El pequeño hombre mira hacia abajo. El gran Maestro mira hacia arriba. No se oyen gritos de recriminación. No se escuchan palabras de maldición que, cual misiles, acusen al pequeño *zaqueador*. No hay respuestas de supuesta justificación. No hay tales expresiones. Más bien y contra todas las sospechas y pronósticos lo que habitualmente tenían lugar con Zaqueo de por medio, una discusión y una gran recriminación, es ahora un pedido, un deseo.

No hay en el Cristo sino un deseo que pide a Zaqueo, el traidor de sus compatriotas, que lo ayude a cumplir: entrar en la casa prohibida. Sí, el Cristo está animando y apurando al diminuto hombre a bajar de su árbol refugio para ir a cenar a su gran mansión. El Cristo quiere entrar en la casa del odiado cobrador de impuestos. Ahora sí todo se detuvo y el silencio continuó al golpe de voz sorprendida que soltó en un segundo toda la incrédula multitud. Zaqueo, el hombre marcado como despreciable, quiso llorar. De hecho, de la emoción casi cae de su improvisado balcón, y el Cristo simplemente sonrió aprestándose para entrar en la casa que ya hacía muchos años nadie quería conocer.

En tres movimientos rápidos y arriesgados el gran cobrador de impuestos bajó de su árbol y se colocó de pie frente al gran Maestro que acaba de infartar el corazón del ladrón al pedirle entrar en su habitación. Casa prohibida para todos, menos para uno. El juicio social dijo que era una casa no recomendable. Así fue hasta que el Cristo rompió con su acto el poder de esos juicios que lastimaron y segregaron por años al pequeño Zaqueo.

Toda la escena acaba de sufrir un cambio indefiniblemente dramático. Una multitud que camina hacia el próximo acto milagroso del Cristo es simplemente desatendida. Todo un mundo de hombres y mujeres se enteran de que deberán esperar para otro día. La razón es simple: el Cristo ha entrado en la casa prohibida.

Desapareció de la vista de todos y acaba de cruzar la puerta que da al living principal de la casa del hombre más resistido de la ciudad. Aunque no lo creas, no es una visita de cortesía, protocolar y de un par de minutos. El Cristo quiere cenar y descansar esa noche en la casa que nadie jamás imaginó que el mismo Dios se dignaría visitar.

Entró en la casa prohibida y tal cosa fue suficiente para que se desatara una innumerable lista de comentarios. La gran mayoría, por supuesto de desacuerdo y rechazo. De nuevo la mentalidad colectiva que, programada y fosilizada, no admite que nada ni nadie rompa sus códigos.

Porque, señoras y señores, eso es lo que acaba de suceder. Alguien se atrevió a romper lo establecido y no le consultó a nadie en el proceso. ¿Cómo compatibilizar algo tan complicado e imposible para la mentalidad de esos días? ¡Si alguien podía entrar a esa casa era el diablo, pero jamás el Cristo enviado del cielo! La dupla Cristo-Zaqueo jamás generaría el beneplácito de una mentalidad que etiqueta y segrega. Cualquier encuentro podría ser imaginado, pero bajo ningún punto de vista este que se lleva a cabo en la casa más odiada y llena de maldición.

Una vez más el Cristo es centro de los dardos más insolentes. ¿Su pecado? Haber entrado a la casa que la sociedad decretó como prohibida. Y ahora estamos todos adentro de la desconocida casa. Yo mismo no puedo resistirme a traicionar el estilo de narrador de lo que veo, y me hago uno más en ese caluroso recibidor de la casa del *zaqueador* de sus hermanos. El Cristo sentado en una punta a la antigua usanza. Zaqueo en la otra, intentando calmar su respiración. Es testigo de la visita a su casa que jamás debería haber sido hecha. El mismo Dios entró en sus aposentos, pidió de cenar y también una cama para poder descansar. Demasiado para un solo día.

¿Cómo entender semejante acto? ¿Qué decirle? ¿Qué ofrecerle? ¿Qué hacer para que –ya que entró– no se moleste, se levante y se vaya para no volver jamás? De todos modos, la cena transcurre dentro de los cánones normales. Pero esta no fue una charla formal. En este encuentro no se cuidaron las formalidades de los protocolos más acartonados. Fue uno de esos encuentros que marcan la diferencia. Que establecen un antes y un después. Fue un encuentro único, exquisito, irrepetible, que dio vuelta a la vida del pequeño cobrador de impuestos por el resto de sus días.

¡Tal es así, que mírenlo! La comida quedó a un costado y el odiado hombre ahora se puso de pie delante del Cristo y de todos los que fueron convidados a la cena más loca de la historia. Está temblando y no intenta retener ni ocultar las lágrimas que caen de sus cansados ojos. Acaba de recibir el impacto del toque maestro del Cristo que hace nuevas todas las cosas.

Señoras y señores, ¡escuchen por favor! El omnipotente Zaqueo no solo reconoce que ha robado en grande en los últimos años, ¡sino que acaba de tomar la decisión más desconcertante de todas! ¡Va a devolver cuatro veces más de lo que le robó a sus compatriotas finamente camuflado en traje de cobrador de impuestos! ¡Vaya! ¡Quiero morirme! ¿Lavado de cerebro instantáneo? ¿O dramática convicción que lleva a la transformación? Definitivamente de lo último se trata esa decisión. Acaba de experimentar su transformación más dramática. Se dio cuenta de que empobreció gente por doquier, ¡y también reconoció que algo debía hacer al respecto!

¡Oh, estimado lector! ¿Imaginas por un momento este incidente reproduciéndose por toda nuestra sufrida Latinoamérica? ¡Hombres y mujeres colocados en puestos de privilegio en los destinos de nuestras olvidadas naciones, que se enriquecen secreta e hipócritamente mientras trabajan por el *bien del pueblo!* ¿Puedes darle un segundo de libertad a tu imaginación y reproducir este cuadro por toda nuestra nación? ¿Imaginas por un segundo los costos de investigaciones y juicios ahorrados si tan solo el que robó no solo confiesa, sino que decide devolver cuatro veces más aquello que ilegítimamente echó en su bolsillo? Dirás que es imposible. Pero siempre hay algo que aún no hemos descubierto.

No me parece desubicado entonces recordar que el Cristo no produce sistemas religiosos con pesados, humanos e injustos argumentos que condenan y segregan al que no hace bien las cosas. Quédate simplemente con esto. Un ambicioso, un traidor, un ladrón dijo: "¡Yo fui!" Y devolvió lo que no era de él. El hombre centro de toda desconfianza es ahora el hombre más confiable de la comarca. Para pensar, ¿no te parece?

No vales por lo que tienes, sino por lo que eres

Rechazados por una manera determinada de pensar. Rotulados por una forma de vestir. Valorados por el color de la piel. Sospechosos por un error cometido ayer. Ciudadanos de primera por el país que los vio nacer. Gente de primera de pie en alfombras rojas de lujoso parecer. Gente de cuarta lavando la alfombra que al otro verá trascender. Siempre esa inmensa y acompañadora contradicción. Siempre conviviendo con nosotros la maldita costumbre de distinguir. Hombres de ropas caras sentados al volante de autos costosos de obtener serán premiados con atenciones exclusivas para ellos. Ellos son para todos grandes y distinguidos señores.

Un hombre que se traslada en su histórica bicicleta, vistiendo el mismo y eterno pantalón, que trabaja con sus manos en interminables jornadas de empleo constructor, es simplemente eso, un trabajador. Hombres de precios imposibles de pagar. Hombres que con solo dos pesos se los puede arreglar. Un hombre del primer mundo que pierde la vida en un extraño rincón del planeta puede desatar la próxima guerra mundial. Un niño que muere de hambre en la África negra, pobre y olvidada, es solo motivo de hipócrita desolación en el corazón de aquellos que a lo lejos jamás sabrán de la maldición de tener ese oscuro color de piel. Es la dolorosa contradicción humana que segrega, discrimina y adjudica valor por lo que se tiene, y no por lo que se es.

Es la insolente acción social que pone marcas, cual la de Caín, en vivientes diarios que equivocaron su manera de vivir. Discriminación, diabólica palabra que define el mayor mal de la raza. Junta a un borracho, un drogadicto, una prostituta y un pordiosero que duerme en las calles, y los cuatro no podrán pagar la vida de un oso panda llegado de Japón.

Valores, quiénes somos y quién nos autorizó a que con descarnada insensibilidad construyamos listas y tengamos *rankings* de humanos más valiosos que otros. Esto ya es viejo, viene con nosotros desde el primer momento que el hombre pisó la tierra. Zaqueo entonces sufrió este poder discriminador. No estuvo bien que usara su puesto para robar.

Desde aquí le decimos al pequeño cobrador de impuestos que sus actos fueron reprobables a todas luces. No es ese el asunto. El punto central de este capítulo es si hay o no oportunidad para aquellos que erraron y erraron bien feo. Si hay un nuevo día de oportunidad para aquellos que decidieron caminar la vida, pero del lado oscuro, reprochable y dudoso de la misma. El Cristo no entró a la casa de su cómplice, ni Zaqueo lo recibió como tal. Simplemente entró, porque a pesar del error y aun horror de Zaqueo, este gemía por una oportunidad para su reivindicación.

La mentalidad humana siempre hace que sea más fácil juzgar a un libro por su tapa, a un hombre por lo que viste y a una moneda por lo que vale. Hubo un ignoto mortal que sufrió esta costumbre –casi religión– en su propia carne. Se llamaba Zaqueo. Olvidado, odiado y marcado como traidor. Condenado a vivir solo y a defenderse de por vida del juicio vengativo de una sociedad que sigue aun hoy sin saber cómo es eso de dar nuevas oportunidades. No era mucho lo que había que hacer. Bastaba con entrar a la casa prohibida para que aquel traidor se diera cuenta de que lo suyo era mucho más que ser un ambicioso e inescrupuloso cobrador de impuestos.

Una entrada, una cena y una noche bastaron para cambiar la fama de un segregado social. ¿Marcas distancias de otros mortales por

sus ropas? ¿Por sus estilos de vida? ¿Por sus actos reprochables? ¿Por su color de piel o su origen de vida? ¿Eres víctima de la maldita discriminación? Para una u otra opción, no olvides que tu valor no está en tus ropas, ni en las casas que habitas o que no habitarás jamás. No vales por lo que tienes, sino por lo que eres.

Aquella casa prohibida se convirtió en la casa de la gran transformación. ¿Por qué? Porque hubo alguien que se animó a ir más allá del juicio social. Porque hubo alguien que quiso estar y conocer por dentro al que era juzgado por fuera. Porque eso hace el Cristo. Un ladrón confesó. Un ladrón devolvió su botín. Un hombre cambió y la sociedad dio la bienvenida a un hombre que para siempre lavó su imagen. Soy de la idea que le demos una oportunidad al Cristo de los más revolucionarios paradigmas. Ni religión asfixiante, ni santurrón pegajoso. Ni desbocado castigador de pecados, ni opio aburrido de los pueblos. Ni fabricante de fanáticos idiotas, ni líder de una tropa de no pensantes. Simplemente un cambiador de vidas, y si para muestra basta con un botón, todos miremos a Zaqueo… por favor.

Poco a poco

Para amar los beneficios de un proceso y no la loca inmediatez de la ansiedad

Capítulo 

El síndrome del apuro no es otra cosa que la suma de agentes y obligaciones cotidianas, que nos condenan a andar a mil por hora lo que nos resta de vida. De hecho, siento que debo apurarme a terminar no solo este capítulo, sino también todo el libro. Si llego tarde a la revisión del manuscrito, llegaré tarde a la impresión del texto. Pareciera que cada hora de las veinticuatro de las que todos disponemos ya no tienen sesenta minutos cada una, alguien se robó minutos muy valiosos, y tal acto de vandalismo nos obliga a hacer más cosas en menos tiempo.

Demasiado ligero. Trabajos rápidos, respuestas lentas. Allí, en esa zona intermedia, se deja ver el espíritu de este capítulo. Esa área, esa región que debemos visitar cuando habiéndolo hecho todo debemos quedarnos a esperar la respuesta a nuestra obra. Como todo es rápido, nos olvidamos de que los frutos son lentos, y es allí donde esa bruja llamada ansiedad se monta en su escoba y hace estragos no solo en nuestros relojes, sino también en nuestros corazones.

Señoras y señores, no somos más que víctimas de la sociedad que hemos parido. Hemos creado un sistema y el mismo ahora nos marca omnipotente, tanto el ritmo como las prioridades. Todo es "aquí y ahora" y no "allá y mañana". Expertos pilotos para manejar la vida en alta velocidad. Sabios en rapidez, inexpertos en paciencia. Ya no vivimos en la era de lo lento.

Siglos atrás eran carretas y correo de a caballo. Vivimos en el siglo de la rapidez y nos enorgullecemos de ello en la era de lo "instantáneo". Se trate de un café, de un mensaje, de un viaje, de una respuesta, de una porción de amor o de un milagro, todo ya viene formateado con la impronta y el poder de lo inmediato. Ansiosos de obtener respuestas rápidas. Viajamos por la vida exigiendo a diestra y siniestra. Programados para ver resultados aquí y ahora, reprobados en construir realidades poco a poco.

Es la instantaneidad de una vida a la que hemos obligado a apurar sus pasos. Le dijimos a ella que no hay tiempo para perder, ni horas para esperar; de hecho, sostenemos seriamente que tales actos nos harán perder demasiado tiempo, por no decir demasiado dinero.

Tú y yo vivimos comulgando con la ecuación que a algún genio apurado y en apuros, se le ocurrió: "Tiempo es igual a dinero". ¿Te das cuenta, estimado y respetado lector?. Tan apurados vamos por la vida, que aun al mismo Dios lo hemos acostumbrado a escuchar nuestros bombos de piquetes y reclamos interminables estacionados en la misma puerta del cielo, simplemente porque sus respuestas no llegaron dentro de nuestro "aquí y ahora".

Nos hemos convencido de que él debe darnos *todo* lo que pedimos *cuando* lo pedimos, *donde* lo pedimos y *como* se lo hemos pedido. Lecciones de sabiduría pura nos faltan considerar todavía en el "poco a poco"; justamente de eso trata la siguiente historia.

Un hombre ciego

De nuevo un desconocido. Una vez más el elegido es un hombre común y corriente. De esos que han sido parte de todos los pasajes de la historia humana. Constructores anónimos de esos pedazos de la vida rescatados para inspiración de las generaciones venideras. Solo un hombre. Sin *glamour* y sin cartel. Carente total de cualquier clase de crédito y argumento para ocupar primeras planas de periódicos de grandes tiradas, o tapas principales de las revistas más vendidas. Uno como tú, como yo y como miles. Caminante anónimo, de perfil bajo asumido y consciente. Conocedor absoluto de las calles de sus rutinas, siempre iguales y siempre aburridas.

Pero hay un detalle que no puede escaparse. El hombre tiene un algo que lo hace distinguirse de sus compañeros de vida de aquellos años. Es una limitación. De esas que duelen y tienen en sí misma la capacidad de imprimir tanto desaliento como indignación, y también obligada resignación.

Ciego. Cómo duele y asusta semejante afirmación. Cuánta omnipotencia derrocha esta dura y fría descripción. Es un hombre ciego. No poder ver y a la vez no poder hacerle frente a los innumerables detalles que se desprenden del hecho de ser un ciego. Imposibilidades a granel y de todo tipo. Ir por la vida a tientas, tocando, palpando y hasta adivinando, sin lograr moverse con la libertad y la gracia de los movimientos propios de aquellos que gozamos de la bendición de ver.

Dependencia permanente. Cancelación de por vida del milagro de mirar, de observar la vida y quedar extasiado con sus bellezas y, quizá lo peor de todo, comprobar con dolor agudo y lacerante que el mundo está hecho para gente que ve, y que los que han sido víctimas de alguna clase de limitación física deberán arreglárselas como puedan para que ese insensible sistema no solo no les pase por arriba, sino que no logre dejarlos afuera.

Aquí está entonces un hombre ciego. Famoso por esas tierras por su limitación. De hecho, ni su nombre propio nos fue informado, quizá porque así como hoy, también fue lo mismo ayer, cuando nosotros, los autosuficientes mortales, resaltamos y hacemos valer más el defecto o la limitación por sobre la identidad de las personas. ¿Tenía un nombre propio? Por supuesto que sí, pero su ceguera mató su identidad y aun su dignidad. Ciego y de nacimiento. Centro permanente de todas las penas y depositario de una fama que movía a la lástima y la ternura.

Era verlo y la sola observación al reparar en esos ojos sin vida era suficiente para que todos sintieran un desgarro en el corazón. El pobre ciego. El condenado a depender de todos menos de él mismo se levantó de su cama maltrecha esa mañana sin sospechar en lo más mínimo que había amanecido a la mejor de todas sus jornadas. Así entonces, inmerso en su limitación y su rutina, salió a tantear la vida una vez más esa jornada, y se asusta cuando varios hombres, sin mediar consulta alguna, lo tomaron de sus brazos y lo pusieron delante del personaje que jamás en su oscura vida imaginó poder tocar, y mucho menos ver.

Con un corazón latiendo a mil se le hizo difícil entender lo que sucedía a su alrededor. Muchos hablaban a la vez. Se dio cuenta, de todos modos, de que alguien estaba de pie frente a él. De alguna manera percibió que todas las palabras iban dirigida a esa persona. Intentó preguntar de qué se trataba el asunto, únicamente para descubrir que todos tenían palabras solo para aquel hombre de pie frente a su limitada existencia.

El corazón quiso detenerse en su pecho cuando escuchó a uno de sus improvisados intercesores citar el nombre del desconocido que todavía seguía de pie frente a él. Señoras y señores, hay que ver la sonrisa en el rostro del hombre que no ve. Es digno de verse el rubor y el entusiasmo encendiendo de vida el rostro del hombre. Es inspirador observarlo y reparar en los movimientos frenéticos de su cabeza y sus brazos, intentando atrapar a quien sea, de tal modo que le confirme entonces la buena nueva. El Cristo está de pie frente a él, ya no hay dudas. ¿Qué otra cosa mejor podía haberle ocurrido en ese día?

La fama de quien estaba revolucionando la vida y aun la historia misma había llegado también a los oídos del necesitado hombre. Entonces ocurrió que un mar de conocidos y desconocidos hombres y mujeres se encolumnaron frente al Cristo para rogarle insistentemente y desde lo más profundo de sus fibras y emociones que tan solo tocara al hombre para que pudiera ser sanado. Una vez más la solidaridad tan humana, tan ansiada y muchas veces tan olvidada, se puso en marcha poderosa en esa jornada. Todos pidiendo por uno y uno agradeciendo a todos esa avanzada tan sorprendente y solidaria. No era un pedido, eran sentidos e insistentes ruegos. Que tan solo lo toque y el hombre recuperará su vista.

Ciego, dependiente, pero con un lugar en el corazón de la gente, constató en solo unos minutos que su dolencia podría ser sanada, y que increíblemente muchos se habían unido a su causa en un ejemplo contundente de comprensión y solidaridad.

Método inusual

De nuevo entonces y con absoluto placer, el Cristo detiene su marcha. Un clamor bien singular lo hizo posible. Se le ve sonreír y un inequívoco rictus de satisfacción cruza su rostro. Es que a su juego lo llamaron. Una vez más llegó el momento clave de hacer práctico su mayor deseo: ayudar a la gente. ¿Qué otra cosa pensabas que es su mayor afán? Catedrales, títulos y millones no son más que inventos de una sociedad que, usando el nombre del Cristo, no quiere aceptar que ha perdido el rumbo y olvidado su misión.

Pero sigamos atentamente este incidente. En medio del gentío se encuentran varios que en otras circunstancias lo vieron devolver la vista a otros ciegos. Suponen que ahora no será la excepción. Suponen que repetirá el proceso tal y como lo hizo con los demás. Pero señoras y señores, prepárense para una nueva y sorprendente sorpresa. Ahora el Cristo se acercó y se puso de frente al hombre que quería de nuevo la visión. Ahora va a pronunciar las palabras "mágicas", esas que suenan a órdenes declaradas a enfermedades como si fueran personas. Pero no, todos ahora son testigos privilegiados del momento en el que el Cristo vuelve a romper un paradigma.

En un movimiento rápido pero seguro, toma por el brazo al hombre que espera pase la interminable seguidilla de minutos para gozar de nuevo de la bendición de ver. Lo curioso es que no lo lleva por unos metros, sino que caminan hasta dejar por completo la aldea donde se desarrolla el dramático encuentro. Sí señor, se llevó al ciego fuera de la ciudad. Quizá como sabiendo que siempre es mejor trabajar lejos de los ojos inquisidores y críticos de la curiosa multitud.

Detalle no menor es la intención del Cristo de encontrarse con esa clase de privacidad que hace que trabajes más tranquilo. ¿Por qué quedarse frente a una multitud que aun siendo solidaria no podía dejar de ser curiosa? ¿Cuántos están expectantes de ver el nuevo espectáculo? Qué bueno que se llevó al ciego bien lejos, está cuidando la dignidad del hombre, y posiblemente ocultando su procedimiento sanador que jamás podría ser entendido ni menos aceptado por la vociferante multitud.

Ni él, ni el pobre ciego son los actores centrales de espectáculos callejeros. Está claro que lo suyo no es entretener; por eso, una vez a solas con el enfermo, solo unos pocos que alcanzaron a meterse en el privilegiado acontecimiento observan lo que jamás en sus existencias hubieran imaginado observar. Una vez lejos y seguro de la privacidad tan buscada procede a hacer algo que según nuestra mentalidad no cabe en el Hijo de Dios.

Imaginamos al Cristo retratado en una obra de arte crucificado, o en su última cena, o guiando a unas ovejas a su corral en un atardecer de ensueños, pero jamás de la manera que actuó frente al ciego más sorprendido de toda la historia. Cierra suavemente con sus manos los párpados del hombre y cuando el enfermo espera se pronuncie un grito de autoridad invocando al mismo Dios del cielo, solo descubre que ha sido escupido sobre sus ojos. Sí señor, acaba de ser escupido directo a sus ojos. ¡Como si fuera poco, ahora constata que las mismas manos se han afirmado sobre sus muertos ojos, como esperando que tal compresión hiciera que la santa saliva penetrara su piel!

No sé si la sanidad podía surgir de unos cuantos gramos de saliva divina. Pero te aseguro que la conmoción y la desorientación se apoderaron del humillado ciego. Tanto esperar cruzarse con el Cristo para que este en ese único e irrepetible día solo se limitara a escupir sobre sus oscuros ojos. Fue por ayuda y fue recibido con un divino escupitajo en plena cara. De nuevo y a la perfección funcionó una de las estrategias más utilizadas por el Cristo de las santas escupidas. Él es dueño de sus propios métodos. Una muy clara enseñanza.

Nunca encasilles al Cristo en "como sí o como no" debe actuar. De hecho, cuántos enemigos cosechó por esto a lo largo de su corto periodo de trabajo entre los mortales. Se propuso sanar a un ciego escupiendo en su mismo rostro. Parece ser que el mensaje es simple o complejo, según quieras verlo. El Cristo tiene sus métodos; quizá sería bueno entender que lo importante no son sus métodos, sino simplemente que él actúe.

Sanidad poco a poco

Así que allí quedó duro como estatua el ciego mejor escupido de la historia. Es solo un segundo, nada más que un eterno segundo lo que se necesita para ver la reacción del hombre que no puede ver. Hay un camino que el sentido común ha abierto delante de él. Mírenlo conmigo, por favor, está abierto de par en par delante de su maltratada humanidad. Es el camino de la ofensa; de hecho, nadie lo juzgará si elige caminar en él.

Este es uno de esos incidentes en la vida donde ofenderse queda bien, es justo y amerita una restitución inmediata del honor que se fue cayendo con cada gota de esa saliva insolente, que ensució sus muertos ojos y corrió trazando surcos de vergüenza en sus enrojecidas mejillas. Esta es, señoras y señores, la tan mentada hora de la verdad. O el tratamiento del Cristo funciona, o se recibe esa misma tarde como el mayor de los ofensores de la dignidad humana. Cualquier crítico presente allí se relamería por comprobar una verdad irrefutable: "Los ciegos no sanan con escupidas", y menos si primero fueron ofendidos de semejante manera.

Ofensa. Qué palabra. Tan común, tan encontrable en todos los mortales. Una palabra, un gesto y la dignidad se da por maltratada. Con cuánta facilidad la ofensa se presenta, y con cuánta facilidad perdemos por ello toneladas de beneficios que se van cual agua en manos de sediento. Que te escupan, ya es ofensivo, y que lo haga el mismo Cristo, sencillamente no tiene nombre. ¿Qué decir? ¿Qué hacer en ese instante agónico en que en vez de un milagro el hacedor de los mismos dejó en mis párpados el más húmedo y repulsivo de los *souvenirs* humanos? Todo justifica sentirse ofendido y sentarse entonces a esperar la restitución de un honor pisoteado irrespetuosamente.

Pero volvamos a la escena. El Cristo ya hizo su parte; es ahora el turno del hombre que no solo no puede ver, sino que exhibe... ¿indignado?, ¿orgulloso?, ¿incrédulo?, ¿expectante?, sus ojos mojados por la más contradictoria de las medicaciones para su mal: saliva santa.

Sin tiempo ni para contener la respiración o ensayar una defensa a tamaña sorpresa, descubre que no solo ha sido escupido, sino que el Cristo en persona lo indaga seguro soltándole tan solo una pregunta:

–¿Ves algo?

¿Ver?, dijo ¿ver? ¿Cómo poder hacerlo con semejante tratamiento? ¿Qué pregunta es esta que acaban de escuchar los infaltables curiosos que ahora ya se reunieron de a cientos? Ni un músculo se mueve en el rostro del sanador. Luce imperturbable, seguro, como esperando que lo que acaba de hacer haga que el hombre recupere su vista. Este, señoras y señores, es ese instante en que hubiera querido estar allí de ser posible. Escuche al ciego responder:

–¡Veo a los hombres... pero aunque veo que se mueven, parecen árboles!

Para alquilar balcones. Tan solo una escupida y un apretón de ojos, y el que era ciego ahora ve... ¡no del todo, pero ve! Un desafío a la razón. La ceguera no se va con saliva. Pero no es allí hacia donde vamos. Pienso en semejante movimiento llevado a cabo por el Cristo. Se lo llevó fuera de la aldea, lo escupió directo en los ojos, le afirmó las manos sobre sus párpados, le preguntó si veía y... ¿solo alcanzó a que viera tan solo un poco, borrosamente?

Pero allí volvió al ataque el Cristo que rompe paradigmas. De nuevo puso las manos sobre sus ojos y ahora de nuevo la pregunta del millón:

–Y ahora, ¿ves?

Y la respuesta de quien fuera ciego hasta hace diez minutos no se hace esperar:

–¡Ahora sí que veo!

Y la historia dice que comenzó a ver de lejos y claramente a todo el mundo. Como era de esperarse, la bulliciosa multitud cambió sorpresa por mudez. Sí, ¿qué decir? ¿Qué intentar argumentar? ¿Cómo explicarlo? Un poco de saliva y dos imposiciones de manos, y el que era ciego se fue viendo y saltando a su casa. En ocasiones lo mejor es hacer silencio.

El proceso te hace maduro y no más duro

Ciego y ahora ve. Si se quiere nada de nuevo tiene esto en el mundo de los milagros. Todos a coro y con coreografía incluida podemos afirmar que es posible que un hombre ciego sane milagrosamente. Nuestro punto no está allí, sino en por lo menos dos cosas.

Primero, que haya habido necesidad de usar saliva, y segundo, que sanara en dos tiempos. De nuevo, mis inquietos lectores, sale a relucir algo tan nuestro, tan mortal, tan humano. Es esa eterna asociación de ideas que hace que previamente saquemos conclusiones. ¿Dios hace milagros? ¡Sí!, respondemos bien seguros. ¿Dios puede hacerlo de una sola vez? ¡Por supuesto!, expresamos inconmovibles. ¿Dios escupe ojos para hacer lo que quiere hacer? Y ahora signos de interrogación se apoderan de nuestros ojos. ¿Dios escupe y luego aprieta? Y ahí ya podemos afirmar que ese tal Dios no es Dios. Porque simplemente no podemos con nuestro genio. De alguna manera nos hemos convencido a nosotros mismos de que solo de una determinada manera se le verá a él haciendo bienes a los humanos. ¿Qué manera?... ¡La mía!

La mía no es la de él, y si la de él no es la mía, ¡entonces la de él, jamás será la mía! Escupido primero y sanado en dos tiempos después. He aquí un ejemplo categórico del beneficio de saber esperar. ¡Cuánto nos cuesta esperar! Atacamos los semáforos con palabras iracundas cuando los mismos no cambian sus luces. Gritamos: "¡Qué falta de respeto!" cuando el médico atrasa mi cita una hora. Agredimos a los empleados de la compañía cuando el vuelo se retrasó dos horas. Atascamos la línea telefónica del médico exigiendo un adelanto del informe de mi último estudio del corazón. Hacemos esperar, pero no sabemos esperar. Nos deleitamos haciendo esperar a otros, y nos enfurecemos mucho cuando esos otros nos hacen esperar a nosotros.

¿Tuvo chance el ciego de huir de la escena una vez que constató la saliva del Cristo en sus párpados? Claro que sí. ¿Por qué no se fue entonces? Porque aunque fuera loco, inusual y ofensivo el método, él quería ser sanado y simplemente pensó: *"Este debe saber lo que hace"*... y siguió de pie allí. Cero ofensa y cero impaciencia, solo confianza. Recurso suficiente para seguir esperando el momento de ver a todos y claramente, aun cuando después de la primera escupida solo quedó viendo borrosamente. No hubo recuperación instantánea. Primero imágenes de hombres como árboles, solo manchas que se movían de un lugar a otro.

Recién minutos después y gracias a una segunda intervención del Cristo, el hombre pudo ver de lejos y claramente a todos. Hay cosas que llegan instantáneamente... pero otras llegan poco a poco.

Lo instantáneo te priva del beneficio de que sea formado tu carácter. Lo instantáneo de tan rápido no se disfruta. Lo instantáneo de tan veloz no tiene tiempo de echar raíces. Lo instantáneo de tan inmediato viaja en superficies y se niega a sumergirse en las profundidades donde descansan las perlas de mejor precio. En lo instantáneo hay mucho de *glamour* y caretas sintéticas, pero poco del yunque que forma. Lo instantáneo puede parir *"más-durez"* por los deseos no concedidos. Lo instantáneo jamás dará a luz *"madurez"* por las lecciones aprendidas en sangrientas batallas del vivir. Todos nos apuran. Apuramos a todos. Queremos respuestas inmediatas. Nos cuesta esperar y creer que aunque algo tarde en llegar, algún día finalmente llegará. Recuerda: un proceso te hace maduro y no *más duro*.

Necesitamos aceptar, aprender y aplicar las lecciones del *"poco a poco"*. No te enojes cuando no tengas lo que quieres en tu *"aquí y ahora"*. Date permiso a ti mismo para adentrarte en esa tierra aún no conocida, y por ende no conquistada. Es la tierra del "poco a poco". Allí es donde no llega todo en una sola entrega, más bien llega en cómoda cuotas. Allí no hay tiempo para peinados, moda y encanto, pero sí para carácter, prueba y mucho sudor. Allí se entra montado en el caballo de la autosuficiencia y la altivez, y se sale caminando firme sobre simples pies con la frente alta de la sencillez.

Allí no tomamos exámenes, más bien debemos rendirlos. Allí, donde no hay oídos para la queja, pero sí los hay para la gratitud. Es la tierra del "poco a poco". La tierra a donde ingresas absoluto y sales relativo. Allí a donde ingresamos venerando la estatua de nuestro omnipotente yo, y de donde salimos honrando la verdad del nosotros como el camino superior. Allí, a donde ingresas contando billetes de pasajera e insensible posición, y sales valorando los centavos diarios de ignota y esforzada labor. Allí, a donde ingresas pisoteando honores de indignos humanos de bajo escalafón, y sales respetando y valorando a tus congéneres por la vida que Dios les dio.

Es la tierra "del poco a poco", a donde entras cumpliendo años que solo arrojan "más-durez", y sales como producto terminado del yunque de la vida que solo genera "madurez".

Ese día, quien fuera el ciego de nuestra historia aprendió en minutos su mejor lección. No hay que encasillar al Creador. A fuerza de saliva y en dos tiempos se alzó con su mayor posesión, gozar una vez más de la bendición de ver. No fue inmediato, simplemente fue "poco a poco". No un impacto, pero sí un proceso. Sería bueno que no olvides que de un impacto se sale golpeado, pero de un proceso se sale formado. Solo tú y nadie más que tú sabe lo que te toca enfrentar para estas horas.

En esta tu hora de gran necesidad, sería interesante no patear la vida porque la solución no es inmediata, y simplemente, por qué no, probar abrir esas puertas que poco a poco no solo te llevarán a soluciones deseadas y buscadas, sino que harán posible que salgas de allí diferente y mejor. Es el camino que también el Cristo abrió delante de un ciego que necesitó de su acción. Poco a poco, un proceso formador que también usa el Cristo, y del que siempre se sale mejor.

Amor con piedras

Para que sepultemos el hábito sangrante y divisor de la condena

Capítulo

¿Se escucha en donde te encuentres o vivas, mi querido lector, ese dicho tan popular que dice: *"Porque te quiero te aporreo"*? Solo los humanos somos capaces de afirmar y aun vivir según esta mortal contradicción. Amar y aporrear. Amar y por eso justificar la agresión que para estos días ya es epidemia en toda la tierra.

El mundo entero está en terapia intensiva. Loco y golpeado en un desenfreno sin frenos. ¿Si amar es hacer el bien, estará bien entonces golpear para lograr ese bien? Una tuerca se le escapó a la raza humana. Le sobra un botón o le falta un ojal. Es que nadie negará jamás que si hay un rasgo propio de los mortales, ese es el poder de los mismos de acusar, condenar y aun golpear a terceros como si se tratara de una competencia que pareciera no terminar jamás.

Llama la atención el alto grado de insensibilidad y agresión que ha atenazado a gran parte del planeta. Somos una generación bélica, porque siempre hemos sido una raza bélica. La hipocresía de nuestras sociedades ha llegado a tal punto que, por un lado, todos le cantan un himno al amor y lo proponen como el camino ideal para nuestras relaciones humanas, pero increíblemente al mismo tiempo –y lo habrás notado– si el mundo está como está no necesariamente es por la abundancia de ese amor, sino por una mortal y desesperante ausencia del mismo.

Definitivamente, este es un tema que es en sí mismo nuestro mejor desafío del año en curso. La historia que viene, entonces, es la de una ignota mujer que estuvo a punto de perder la vida bajo el poder de un amor que, en vez de caricias, estuvo dispuesto a disparar piedrazos.

Una mujer condenada

Podían contarse de a cientos y en muchas ocasiones aún de a miles. Son esa multitud de hombres y mujeres extasiados con el mensaje del Cristo. Cada expresión, cada modismo, cada forma de decir tantas verdades no hacía otra cosa que añadir día tras día un mayor número de buscadores de sus refrescantes palabras. Un elemento característico es que la mayor parte del tiempo invertido por el Cristo en la gente tuvo que ver con la enseñanza. Cantidad y calidad de tiempo separado para sembrar en esos corazones sedientos esos conceptos y principios que darían forma a nuevos y revolucionarios paradigmas.

Qué interesante y a la vez qué sencillo fue su bosquejo. Primero enseñar o capacitar para luego delegar. Primero decir cómo hacerlo, y luego animar a que se pusiera en práctica. Educar, proceso que a la vez que dignifica al hombre le otorga esos recursos únicos para que no solo sepa quién es, sino también para qué y a dónde va. Enseñar y ser enseñados. Invertir en la enseñanza es asegurar un futuro de logros de grandes y nobles sueños. La educación otorga conocimiento. El conocimiento se hace sabiduría cuando cada porción de la vida es vivida intensa y responsablemente a partir del conocimiento que fue adquirido.

Jamás un piloto de avión se subirá a pilotear uno si antes no fue debidamente educado en el manejo del mismo. Esa compañía que educa se asegura la eficiencia en el servicio y se ahorra millones que con toda seguridad perdería si no educara a sus pilotos de manera responsable. ¿No has visto nuestras naciones? Dirigidas por generaciones de amigos que apadrinan amigos, cómplices inmunes al grito de los pueblos que deambulan sedientos y hambrientos de una gota y una migaja de dignidad que mejore sus miserias.

Tú y yo ya lo sabemos, sufrimos el liderazgo de hombres que en su gran mayoría vivieron alejados de la cultura de la educación y la formación. Sufrimos entonces en interminable agonía esa clase de liderazgo eternamente acomodado, incansablemente oportunista y raquíticamente desnudo de lo más elemental en materia de relaciones humanas y acciones de gobierno.

Es bien simple. ¿Por qué las enseñanzas del Cristo quedaron fijas en la vida de la raza humana? La respuesta no es muy complicada: ¡Porque invirtió tiempo en enseñar, formar y educar a un puñado de ignotos hombres con su mensaje! Al asegurarse eso, lo demás vino por sí solo. No enseñemos, no eduquemos a nuestras generaciones, y esperemos tranquilos la llegada de la nada como resultado.

En esos menesteres estaba sumergido el Cristo cuando en medio de su atento auditorio se abrió paso un grupo de los más representativos dirigentes religiosos de la época. Entusiastas e incansables acompañantes del Cristo de las grandes verdades, fueron siempre bien distintos a los miles que, sedientos de su mensaje, eran capaces de estar horas en paciente espera por un milagro o una palabra del Cristo de las grandes enseñanzas. La multitud seguía al Cristo para escucharlo. Estos líderes lo seguían para silenciarlo. Ceños fruncidos, respiración rápida y entrecortada. Fosas nasales abiertas en toda su extensión. Voz ronca y ojos inyectados en sangre.

Eran sus incansables enemigos y eternos perseguidores. Gente con un objetivo claro y también con la suficiente cuota de determinación como para no descansar, ni aun comer, hasta haber encontrado en el Cristo esa acción equivocada, esa palabra fuera de lugar que a ellos les justificara todos sus misiles disparados contra el personaje que más en toda sus historias les había complicado su religión y sus mensajes.

Así que ahora la clase fue suspendida. El Cristo se llamó a silencio, porque cual tropilla de caballos desbocados, los señores de la religión se hicieron presentes en medio de la escena interrumpiéndolo todo y reclamando de todos la más exclusiva atención. Pero, damas y caballeros, no vienen solos. A la cabeza de la manada vienen unos cuantos señores que visten sus ropas de santidad y misericordia, arrastran y empujan a alguien, no es a un perro, sino a una desdichada y avergonzada mujer. La historia dice que fue sorprendida en el mismo instante de la consumación de su infidelidad. Más específicamente, el incidente fue registrado como un adulterio. Casada y con familia. O esa mañana amaneció en cama extraña luego de una noche de irracional infidelidad, o simplemente ese día, bien temprano, fue la hora acordada para encontrarse con ese extraño con el que se permitió hablar, responder y sentir lo indebido aquel día comprando papas y zanahorias para la sopa que preparó para los suyos la semana que pasó.

Ahora, ¿cómo se sorprende a una persona en el mismo momento en que comete su acto ilícito? Es evidente que hubo un trabajo de inteligencia tan bien orquestado y cumplido que se presenta como digno de la envidia de las agencias policiales más famosas del planeta. A qué punto llega la mala intención que sin, querer evitar la comisión de la infidelidad, apuestan para que esta se produzca. No les importa en absoluto la mujer, lo que quieren es un hecho consumado y certificado para destruir de una vez y para siempre al Cristo de sus grandes dolores de cabeza.

Implacables cual perros de caza fueron detrás de la infiel pareja y llegaron hasta el mismo lugar y momento en que estos ingresaron a la cama de la vergüenza. Segundos después de consumado el engaño, se dejaron caer sobre la mujer, la tomaron de un brazo, apretaron con sus manos su larga cabellera y, con las pocas ropas que aun vestía, la arrastraron a la calle y a los empujones se la trajeron al Cristo. A propósito, todavía nadie sabe qué hicieron con el hombre que en aquella fatídica hora también tomó parte en la desvergonzada infidelidad. Para pensar, ¿no le parece? Pero sigamos con los incidentes que venimos intentando relatar.

El hecho fue observado y el engaño fue certificado por varios testigos presentes en la habitación del repugnante acto. Ahora sí, y con absoluta seguridad, podrán afirmar a todos los puntos cardinales del mundo que han descubierto a una mujer engañando a su marido. Se aseguraron de esa manera de que ni aun la desdichada mujer tuviera chance de salvarse de lo que fue presenciado por un número de amorosos y misericordiosos siervos del Dios del amor. Se dijeron a sí mismos que tan contundente caso marcaría y aun aceleraría el ocaso del personaje que más dolores de cabeza y de muelas les causó en todas sus intachables y piadosas trayectorias: Cristo.

Hay un detalle no menor que ahora enfoca la cámara que deja grabado el suceso para análisis y regodeo de las generaciones venideras. Algo tienen fuertemente apretado en sus manos. Aunque usted no lo crea, cargan piedras. Sí, nuestros señores de la misericordia vienen con artillería pesada. No fue motivo para que dejaran sus piedras en el hall de entrada el hecho de que estuvieran ingresando a un templo. También a los templos algunos entran con sus piedras. Varios de ellos juegan con ellas lanzándolas hacia arriba, a corta distancia de sus manos. Están preparando el proyectil y calculando la puntería. El cuadro es dantesco. Una mujer casi desvestida, amoratada y de rodillas besando el suelo, y detrás y a sus costados un grupo de representantes del Dios del amor que quieren hacer conocer sus habilidades interminablemente lapidarias.

Nada le duele más al mundo que un representante de Dios que, conociendo la ley de Dios, quiera aplicarla sin el bagaje de amor que el mismo Dios al que representa le demanda cumplir. Así las cosas, se necesita comunicar la falta para luego justificar el castigo. El más intrépido y valiente del grupo tomó la palabra y sin ninguna clase de duda, pero a la vez hinchado de esa autosuficiencia propia de aquellos que antes de pelear la guerra la creen ganada, dijo:

–Moisés dijo que a esta clase de mujeres, infieles y adúlteras, hay que apedrearlas.

Dejó ver una pequeña sonrisa, burlona y ganadora, diciéndose a sí mismo con ella: "Habrá que ver cómo escapa el Cristo de esta". En solo unos cuantos minutos se dio todo junto. Juicio y sentencia. Nunca la justicia fue tan rápida como esa mañana. Las cartas están jugadas y los señores de la religión jugaron a su propio juicio las mejores que nadie podría jugar jamás en un incidente como este.

Amor con piedras

Porque te amo te aporreo, dice la sentencia popular. ¿Simple giro poético? ¿Simple producto de la ocurrencia popular? ¿O simple y dolorosa descripción de la realidad cotidiana de la mayoría de los mortales? ¿Pueden fundirse amor y golpes? ¿Son acaso compatibles elementos tan abiertamente incompatibles? ¿Qué fantasía nos hace sospechar siquiera que pueden vivir en justa armonía el amor y la agresión? La misma que nos hace creer que podremos instalar la paz utilizando la guerra. Eso somos los humanos, habitáculos sorprendentes en los cuales conviven tanto la paz como la guerra, tanto la misericordia como la condena.

Dignos representantes de esa contradicción son los señores representantes de Dios que, parados detrás de la mujer adúltera, desafían al Dios que representan a ejecutar esa ley que solo si matá a un prójimo se verá entonces plenamente satisfecha.

Es muy extraño, pero a la vez es muy común. En el rostro de los señores jueces no hay ninguna clase de ternura, si es que hubiera de varias clases. Están muy duros, implacables e impenetrables. ¿Qué los hizo así? ¿Cómo llegaron a esto? ¿Qué hizo que se les olvidara conceder una nueva oportunidad? ¿Qué fluye realmente por sus venas? ¿Qué hace que un ser humano sea capaz de patear a una mujer como a un perro, y aun esté dispuesto a estrellar una piedra sobre su rostro?

Preguntas que cada mortal se hace una y mil veces a sí mismo y a quien quiera oírlo. Míralos, están formados cual inquieto pelotón de fusilamiento. Representan a todas luces *la no oportunidad*. Es la autoridad que por tan autoritaria se olvidó de amar y comprender. Puede cortarse el aire con las manos. La escena quedó suspendida por unos minutos en el reloj de la vida. Todo el movimiento del templo acaba de cesar bruscamente. Artistas de toda clase pueden retratar el momento con exacta precisión, y dejarlo como un legado a la posteridad. Son tres en el asunto. Ellos, que por amar más la ley se olvidaron de amar. Ella, la que no conforme con amar a un esposo se echó en los brazos del extraño en ilegítima decisión. Y él, el Cristo, que viendo interrumpida su clase escribe en tierra mientras espera su turno para dar a conocer su posición en el improvisado juicio.

No importan los tiempos o las épocas, el ser humano siempre actúa igual. Antes de estirar los brazos para abrazar y levantar, abre su boca para juzgar. Antes de abrir las manos en amor, las cierra en puños para cortar la piel, romper los huesos y abrir el grifo de la sangre de prójimos que fluye y borbotea de lo más profundo de sus entrañas, preguntándose asustados por qué y hasta cuándo seguiremos con esta iracunda rutina. ¡Oh, porque… porque no cuesta hacer sangrar y porque cuesta tanto simplemente amar!

Comencemos por casa. No digas nada doloroso a alguien sin antes asegurarte de hacerlo abrazado por lazos de amor. La verdad sin amor es solo un juicio de aniquilación. Volvamos a la escena en el templo.

La respiración de todos se contuvo. Acaba de ser oído por todos lo que debe hacerse por ley en un caso semejante. La voz de los señores jueces retumba hasta hoy. Palabras más o palabras menos, dice: *"A los que se han equivocado, hay que apedrearlos"*. La muerte, siempre la muerte tan odiada por algunos y tan a veces cómplice de otros tantos. La muerte, ¿como corrección del que muere o simplemente como satisfacción de los que juzgan?

Pero ahora es el turno del Cristo. Eso sí que se llama expectativa. Los dirigentes ya hicieron conocer no solo su opinión, sino también su conclusión y sentencia. La mujer en el piso llora su vergüenza. Curiosos se unieron al festín. Cómo atrae la desgracia del prójimo. Se escuchan los últimos cotorreos de extraños y dirigentes, y el silencio se hace total cuando el jefe de los señores de la ley impone el silencio con su brazo bien en alto. Mientras lo baja lleno de esa lentitud típicamente sacra y ceremonial, clava sus ojos en la humilde figura del Cristo, al que descubren tranquilo, tan tranquilo que tiene tiempo de improvisar algún dibujo y alguna escritura en el piso.

La impaciencia no tiene paciencia. Doscientos ojos presionan para que hable. Le exigen que dé a conocer su posición. Es la inminencia de un resultado que ellos creen será favorable solo para ellos. Están convencidos de haber jaqueado al rey. No ven salida para él, solo esperan que se rinda. Esta claro, si dice: *"Apedréenla"*, de tal modo de no contradecir a Moisés, el Cristo pecará de falta de amor. Si dice: *"Déjenla que se vaya"* sin más ni más, estará convalidando o haciendo legítimo al siempre ilegítimo adulterio.

"No tiene escapatoria", es lo que creen los señores representantes que se olvidaron del amor de su Dios. La mujer sigue mirando el piso. Desearía cubrirse y probar un poco de agua, pero esos guardias parados a su lado cual perros rabiosos no se lo permiten. Detrás del gentío, aunque usted no lo crea, puede verse estirando la cabeza por sobre los hombros de la multitud al hombre que estuvo con ella en la habitación prohibida. Pero era de esperarse, él también se ha llamado a silencio y, aunque resulte repulsivo, tampoco saldrá en defensa de quien para él no era más que un objeto con el cual jugar un par de horas. Una mujer, solo un pedazo de carne descartable. Tan solo un espectáculo abandonado a la jauría de legalistas dispuestos a hacerse un festín con el Cristo, utilizándola a ella como simple carnada.

Finalmente, se puso de pie. Caminó los pocos pasos que lo separaban y se detuvo al lado de la temblorosa mujer. Definitivamente sus huesos están dando un concierto. No puede controlar el temblor. Temblor, claro que sí, ¿qué pensabas? Infidelidad, descubrimiento, exposición y juicio público, semidesnuda, ausencia de comprensión, nadie surgiendo como defensor e inminente lapidación hasta que muera... Eso sí que hace temblar a cualquiera. La mano izquierda del Cristo se posó casi imperceptible en la cabeza de la mujer en falta. Ahora él, con solo un movimiento de sus ojos, dijo: "Voy a hablar".

Su sentencia, su opinión, se oye potente después de dos mil años. Usted ya conoce esas palabras, recuérdelas:

–Si alguien está libre de pecado, arroje la primera piedra.

Solo un segundo, clavó su verdad y volvió a escribir en el piso con toda la paciencia del mundo. El juicio era contra una mujer, mas ahora acaba de volverse contra ellos. Es una cucharada de su propia medicina. Vinieron a concretar la sentencia sobre una pecadora, y ahora acaban de oír que ellos lo son tanto o más que la infortunada mujer. Qué clara es la enseñanza. Nadie es tan perfecto como para juzgar las imperfecciones en la vida del otro. Cuando seas tentado a erigirte como implacable e inmisericorde juez de un prójimo, no te olvides que no eres más alto o perfecto que él.

Humanos con humanos no se juzgan, simplemente se comprenden y se ayudan. Por eso no podía ser de otra manera. Se oyó primero un ruido y luego muchos. Eran piedras que caían de las manos, y también sandalias que volvían a casa con una lección aprendida.

Una mujer libre

Y finalmente el *show* llegó a su fin. Lo que hace unos minutos era una omnipotente y curiosa multitud se fue desintegrando como el agua de entre los dedos. Atrás quedaron las corridas, los gritos y la ridícula parodia del juicio más injusto de aquellos días. Lo que era un inevitable ajusticiamiento terminó siendo soledad y silencio. Con el último de los señores de la religión perdiéndose detrás de esas humildes casas se fueron las piedras de la justicia a hacer su obra a otro lado.

El polvo todavía suspendido en el aire, un par de perros ladrando a la nada un y silencio de tumba se conjugaron para resaltar solamente la figura de los únicos dos que quedaron de toda esta farsa. El Cristo y la mujer. Solo dos, finalmente todo se reduce a ese número. Cuando la multitud de sanguinarios se va desintegrando, siempre quedan dos. El condenado y el "loco" que se animó a defender su causa,

Multitud siempre lista para enjuiciar y siempre dispuesta a condenar. Multitud, escondite perfecto de cobardes que en la masa se hacen valientes. Vinieron para liquidar a un mortal, y se fueron con el orgullo hecho añicos. El Cristo se quedó para escuchar, confiar y perdonar. No hubo piedras rompiendo huesos adúlteros. Tampoco hubo piedras respondiendo el ataque. Bastó con el poder de una palabra, con la contundencia de una frase. Miren, por favor, la escena.

Una mujer exhausta, enfundada en esa clase de vergüenza única que se apodera de la misma sangre por saberse descubierta en una falta. Mujer que alguna vez miró con ojos brillantes, ahora marcada por la mirada aterrada de los que ingresan en su noche más oscura. Mujer que no puede dejar de mirar hacia abajo. Mujer que no atina a mirar a los ojos al que acaba de salvarle la vida.

Por otro lado y ya puesto de pie, el Cristo de las grandes intervenciones respiró profundo, se le ve seguro pero también sorprendido. Es que acaba de comprobar que todos han desaparecido. Miró y solo vio las piedras dispersas por todos lados, mas no vio a los lanzadores de las mismas. Entonces hizo oír su opinión en todo este asunto. Entonces dio a conocer su veredicto y dijo:

–Tampoco yo te condeno.

En otras palabras, dejó bien claro que él no estaba allí para acusarla. Que no había venido para andar cortando cabezas o partiendo rostros a piedrazo limpio. La charla llegó en solo unos segundos a su fin. El fin más inesperado y menos planificado. Lo que debía terminar en una carnicería, terminó en la más sorprendente liberación. Una vez más el Cristo había hecho una diferencia. Se despidió de ella, pero antes de desaparecer de la escena, grabó a fuego en el corazón de la temblorosa mujer su consejo más amoroso y firme de esa jornada:

–Vete, y no vuelvas a pecar.

Simplemente, vuelve a tu vida, para ya no la vivas como hasta este día. ¡Vuelve a tu casa pero no sigas viviendo de esta manera! El Cristo no celebró el adulterio de la mujer, pero sí le hizo saber, enmarcado en inexplicable e increíble amor, que no debía seguir en la dirección que le había impreso a su existencia. Eso fue todo. Quien debía engrosar las páginas necrológicas de la ciudad ese día se unió a los miles en el mundo y en la historia que descubrieron qué significa ser verdaderamente libres. Qué significa y qué se siente cuando ante un error cometido, se es comprendido y reenviado a la vida de nuevo.

Nadie te encuentre con piedras en tus manos

Era tan solo una ignota mujer. Ni esposa de un rey, ni tampoco de un primer ministro. Ni una científica relevante, ni una exitosa actriz del celuloide. Tan solo una simple mujer descubierta en la cama equivocada. Simple, palabra interesante. Los errores más groseros se cometen en todas partes. En grandes y costosos palacios como en pequeñas y humildes habitaciones. Una mujer simple, pero responsable única y absoluta de sus actos. Mientras no fue descubierta, fue protagonista silenciosa de la emboscada que ella misma fue colocando delante de sus pies.

Hasta el día que todo salió a la luz y, de la manera más cruel y denigrante que alguien pueda imaginarse, pasó de mujer infiel en lo secreto a mujer avergonzada y condenada a morir bajo las piedras insensibles de la religión organizada de aquel tiempo. Un incidente habitual, si se quiere cotidiano. Una mujer y algunos dirigentes eminentes embriagados de esa clase de justicia que es capaz de afirmar que en el nombre de Dios pueden usarse piedras para ajusticiar una falta.

Suma de circunstancias y personajes que no hizo más que activar el monstruo justiciero y condenador que todos llevamos adentro. Extraña manera de ser la de los mortales. Acusar, acusar y acusar. Condenar a diestra y siniestra. Tan implacables. Tan intransigentes. Tan absolutos, tan poco relativos. Tan autosuficientes. Tan independientes, tan poco interdependientes. La gran novela de la vida.

Unos que se equivocan y otros que condenan. El juego diario que nos obliga a participar de él aunque nos neguemos. Siempre alguno en falta, siempre algún otro que lo juzga. Unos cometiendo actos ilícitos, otros condenando los mismos. Vivencia doméstica y cotidiana. Unos escapando, otros persiguiendo. Cada día de todos los días de la vida, rindiendo exámenes permanentes y esperando sentencias afligentes. Unos rompiendo el molde de sagradas tradiciones, otros juzgando implacables ese acto insolente e imprudente.

Cuánto le ha restado a la vida la costumbre de condenar hoy para seguir condenando mañana. Tan experimentados en hacer conocer verdades por la vía del grito acusador e intransigente. Tan olvidados de amar y respetar, para ser amados y respetados. Como tropilla de caballos sueltos y desbocados son aquellos que sueltan sus juicios sin lazos de amor y ternura.

¿Qué nos ha hecho creer que porque una falta existió hay derecho a pisotear y hacer justicia por mano propia? Ese es nuestro *"ring side"* de todos los días. Unos errando y otros golpeando. Cuán virulenta es la herencia que arrastramos y aun transmitimos como raza humana. Qué insolencia la de ese extraño virus que se nos metió en la misma genética y logró dejarnos siempre listos para disparar condenas, pero siempre en deuda para abrazar dolores y también errores. Aunque para la ley somos todos inocentes hasta que se demuestre lo contrario, el manual de las conflictivas relaciones humanas cotidianas dice lo contrario... somos todos culpables hasta que se demuestre que no es así.

Y así se van escribiendo las páginas de vida de la presente humanidad. Mucho de esfuerzo, mucho de heroísmo y mucho de sangre. Sangre que brota primero antes de conceder nuevas oportunidades. Sangre de hermanos derramada porque no se quiso dialogar y creer de nuevo. Sangre, demasiada, que salpica la esperanza y la nueva oportunidad. Acusación, sospecha, condena y ejecución.

Las frases rectoras que han acompañado al hombre desde sus mismos orígenes. Un Caín mató a un Abel y de allí no hacemos más que matarnos unos a otros. Ni extraños ni marcianos, simplemente hermanos; sin embargo, hemos hecho de la condena nuestro vínculo más utilizado de relación y convivencia. Condenar y matar está en la sangre, y representa el demonio más sanguinario que los mortales debemos vencer. Condena y muerte son fáciles de leer en la historia de los humanos. Montañas de cuerpos sin vida arrojados a la muerte, como desperdicios de una humanidad que condena, pero no espera.

Condenados por su piel. Condenados por su origen. Condenados por su pensamiento. Condenados por sus faltas. Humanos como todos, imperfectos como todos, vieron cerradas ante sus ojos la puerta de un nuevo amanecer, de una nueva oportunidad.

Cómo le cuesta al hombre conceder nuevos chances. Por qué le será más fácil sospechar, condenar y matar que creer, amar y conceder. No son pocos los huérfanos que deambulan sobre la faz de la tierra. No es que no tengan padres, porque los hay. Son otros y son demasiados. Estos se han quedado sin amor, no hay para ellos comprensión. Se han quedado sin ojos que entiendan y no condenen. Están tocando una y mil puertas, escapando del látigo lacerante que sin escrúpulos abre la piel y deja heridas incurables en el corazón.

Son los que por esas cosas de la vida se equivocaron y de ellos, algunos, se equivocaron bien mal. El juicio del mundo se les vino encima. El juicio social, político, familiar y religioso de algunos de esos dirigentes modernos, celosos e intransigentes, que hicieron sentir en ellos todo el rigor de la soledad, la vergüenza y el escarnio. Son las *"adúlteras"* de nuestros días. Expuestos a la vergüenza pública por causa de sus errores, buscan de mil maneras escapar al poder de una condena que, cual humedad del trópico, se pegará a ellos para acompañarlos por el resto de sus días.

Sé que por cada tres lectores de esta obra encontraré a uno de esos. Para ti fue escrito este capítulo. Para ti y no para el dirigente omnipotente que solo tiene como misión en la vida rastrear, localizar y condenar a quienes no hacen del todo bien las cosas. Entonces me animo a presentarte lo siguiente como una esperanza. Intentaré resumírtelo de la mejor manera. Cuando cometas una falta, siempre será mayor el número de los que se apurarán para ejecutarte. Buscarán todo el barro que se adosó a tu vida en el proceso del error, y se regodearán al verte recibir los efectos de sus supuestas obras de justicia. Dirán que lo mereces, y posiblemente tengan razón.

Pero verás que en ellos falta una cosa: amor. Trillada y olvidada palabra del corazón. Los verás con ojos para grabar y contar pecados. Los verás con sus dedos que apuntan a tu cuerpo, señalando que todo tú eres el culpable que todos deben conocer. Los verás con piedras en sus manos. Les verás su ceño fruncido y sus músculos tensados cual arco de hábil y viejo cazador. Verás en ellos una sonrisa, y constatarás rápidamente que la misma será solo la señal exterior del placer interior que les provoca verte sumergido en el barro de tus faltas.

Verás sus pies inquietos y deseosos de saltar sobre ti. Hasta los oirás decir que lo hacen de parte de Dios. De hecho, algunos vendrán vistiendo orgullosos sus ropas de supuesto amor y religión. Que nadie te encuentre con piedras en tus manos. Pero es allí donde puedes encontrarte con otros ojos, con otras manos y con otros pies. Los ojos del Cristo que no ven pecado, sino tan solo a uno que se equivocó. Las manos del Cristo que no se empuñan para golpear, sino para abrazar y socorrer. Los pies del Cristo que no se apresuran para liquidar, sino para levantar y dar una nueva oportunidad.

Con lazos de amor y no de condena el más vil malvado puede ser transformado en el mayor perdonador. No condenes, solo ama y verás con tus ojos la más grande e increíble transformación.

Ayuda mutua

Para volver a practicar todos los días la sagrada obra de la **solidaridad**

Capítulo 10

Era la hora de mi almuerzo y caminé en la gran ciudad buscando el lugar donde me sentaría a comer. Tenía solo cuarenta y cinco minutos para cumplir con mi diario ritual alimenticio. Era el tiempo concedido por el banco en el cual trabajaba en los años ochenta. La búsqueda me puso en una de las más tradicionales y míticas avenidas de la gran ciudad de Buenos Aires.

Eran mis años de estudios terciarios a los que nos abocamos mi preciosa Cristina y yo. De pie como quien mira el horizonte, reparé en mi búsqueda en una inusual reunión de cientos de personas. Lo llamativo es que estaban de pie prácticamente en medio de la ruidosa avenida Corrientes.

Hacía minutos había comenzado a llover sobre la gran ciudad. Sin importarme el tener que mojarme, no opuse resistencia al poder de la curiosidad que se activó dentro de mí una vez más en ese único momento. Crucé rápidamente la acera y me dediqué a espiar por encima de los hombros de una multitud de curiosos, que si algo tenían en común era que todos estaban absortos mirando algo hacia abajo. Parados y observando.

Finalmente me hice espacio entre ellos para quedar frente a frente de lo que jamás en mi derrotero habían visto mis ojos. Tendría fácilmente unos setenta años. Era un anciano, lleno de canas, con sus gruesos anteojos sobre sus labios, sin zapatos, abiertos tanto el cinturón como sus pantalones, y volcada a su lado una bolsa alimentos que evidentemente acababa de adquirir.

Allí había un hombre, desconocido para todos nosotros, que luchaba por no dejar escapar sus últimas gotas de vida. Jamás he visto morir en tales circunstancias a un ser humano. La lluvia golpeaba su rostro. Sus ojos fijos miraban a la nada. Su mano derecha inerte apretaba un papel que daba la bienvenida a los agentes de tránsito que acaban de llegar y se hacían cargo de una situación tan dura como inusual. La orden policíaca era no tocarlo.

Jamás olvidaré ese segundo de dramáticas decisiones. Verlo morirse y no poder hacer nada por él. Aunque fuera tarde, entendimos que algo debía hacerse. Finalmente, junto a un estudiante de medicina que también se detuvo a observar el espectáculo, saltamos sobre el pecho del infortunado anciano y comenzamos frenéticamente a practicarle técnicas de resucitación. Sentado sobre su vientre lo vi morir ahogado con su propia comida.

Señoras y señores, aunque ustedes no lo crean, ese día, absolutamente solo, un anciano se fue de la tierra y su desaparición no hizo más que engrosar una estadística.

Del cajón de mis recuerdos extraje este incidente porque me dije que este capítulo debe comenzar con él. Ni golpe bajo ni estrategia de venta que apela a los sentimientos de un sincero lector. Me parece simplemente una muestra cotidiana y contundente de uno de los mayores males que sufrimos los humanos. Vivir y morir solos. Vivir entre muchos, pero vivir como entre pocos. Andar y moverse entre multitudes, vivir luchando contra todo y contra todos, siempre tan solos.

Así funciona la maquinaria del mundo. Así cobran vida nuestras maltrechas sociedades. Todos portadores de un virus que se activa más rápida y usualmente de lo que queremos y esperamos. Virus que introduce locura en nuestras venas y acelera nuestros pies para correr neuróticamente la vida, y nos prohíbe caminarla y disfrutarla. Insensibilidad que se muda diariamente a ese egoísmo que una y mil veces se viste de ropas autistas, solitarias y autosuficientes.

Humanos, encerrados en fortalezas ambulantes imposibles de atravesar. Humanos que diariamente marcan distancia entre ellos. Humanos aprobados en las artes de la sospecha y reprobados en las ciencias de la confianza y el auxilio mutuo. Así somos, así estamos, así vivimos, obedientes y dispuestos a cumplir una y mil veces la ley del sálvese quien pueda y como pueda.

Pero por otro lado, qué bálsamo refrescante es para el alma el saber que aunque pocos, andan muchos héroes sobre la faz de la tierra que no están dispuestos a solo pasar al lado de otros mortales que sufren y no hacer algo por ellos. Quieren ayudar. Dan sus manos y su vida en esa clase de servicio desinteresado que jamás hará nada buscando algo a cambio. Ese es el punto central de este capítulo.

Trata de cuando uno está solo, cuando en la más condenada soledad uno descubre que no puede con su propia batalla, pero así y todo también tiene tiempo para descubrir lo importante, impagable y vital de que otro tienda una mano desinteresada y nos ayude a llegar allí, a donde por estar solos parece que ya no podremos arribar. Venga conmigo detrás de la historia de un hombre que queriendo llegar hasta el Cristo descubrió que jamás podría por medios propios. No podría no solo porque estaba solo, sino también porque estaba bien enfermo. Es la historia de un hombre que igualmente llegó porque otros mortales anónimos, solidarios y desinteresados simplemente lo ayudaron a llegar.

Un mundo de gente

De nuevo entonces el mismo panorama. El mismo efecto, las mismas sensaciones. Si el Cristo estaba allí, las multitudes de gentes estarán con él. Como de multitud se trata, de toda clase de personajes había en ella. Sentados en primera fila están ellos, infaltables en toda conferencia del Cristo, los sabios y expertos de la ley que esperaban en silencio los discursos del hombre de las más desafiantes verdades. Ahora, este es un viaje que nos lleva a encontrar al Embajador del cielo metido en una humilde casa que, por esas cosas de la agenda, fue la seleccionada para sus asombrosas disertaciones. Una mayoría apretujados contras humildes y ásperas paredes de trabajado adobe, y también esos otros privilegiados que lograron alcanzar las mejores ubicaciones, se entregaron a la espera de que el Cristo apareciera y diera inicio a su conferencia. Allí están entonces de a cientos, apretados, expectantes.

¿Necesitados? ¿Qué hace que estén allí batallando a brazo partido con el calor asfixiante de cientos de cuerpos apretados unos contra otros? ¿Por qué no reclaman mejores condiciones para una mejor captación del mensaje que habrán de recibir? ¿Por qué no se van exigiendo mejores comodidades en esa casa devenida a salón de conferencias? ¿Por qué están allí y no se mueven? ¿Qué buscan? ¿Qué necesitan? ¿Qué esperan?

La imagen no es solo multitudinaria dentro de la digna casa, el espectáculo de gente continúa por los lados de afuera de la vivienda. Están por todas partes, en la entrada principal, en las aceras por el frente y los costados de la humilde casona. Es un ejército de hormigas que aun desalojaron al bravo perro que cuida la seguridad de la vivienda más invadida de los últimos años en toda la comarca. Mientras en el aire sobrevuelan miles de silenciosas preguntas y las más arriesgadas suposiciones mentales de lo que el Cristo hará una vez entre ellos, sin aviso previo y sin los monótonos y obligados aplausos humanos, a otros tan humanos como ellos, aparece él con su esbelta figura, su manto gastado y sus pies llenos del polvo, que cual *souvenir* de caminante se pegó a sus pies.

Acaba de llegar de su último recorrido de milagros y sanidades de almas sangrantes de toda clase. Nadie se preguntó cómo, simplemente está ahora en la sala principal de la humilde vivienda. Aun cuando la atmósfera se hizo irrespirable, todos se llamaron a un reverente silencio y se puso en marcha una vez más la incomparable máquina de soltar esas verdades que hacen libre al alma humana.

Señoras y señores: una vez más se armó el escenario y una vez más una multitud se preparó para oír una especie de conferencia velozmente improvisada, y una vez más el Cristo rompió con el programa. Cientos atascados en la humilde morada, es como una marea humana que se encajó en los límites de la ignota vivienda. Unos allí solo de curiosos, otros enfermos a más no poder, algunos simplemente para debatir, pero sea cual fuere la motivación, allí hay una multitud que no volverá hacia atrás, y nadie de los que la conforman abandonará el preciado lugar que alcanzó para ver y oír al Cristo, que cual imán poderoso los atrajo hacia su impactante persona.

Todos están listos para lo que venga. El Cristo estaba en esa casa, toda actividad se detuvo a cientos de metros a la redonda, estaban por ser testigos de lo más inesperado que esperaran ver en esa increíble jornada en la casa más humilde y concurrida de aquella sencilla comunidad.

Decisión de no rendirse

Son definitivamente sorprendentes las distintas actitudes que el ser humano pone en práctica frente a los obstáculos de la vida. Definitivamente es en los momentos desafiantes de duros conflictos en los que son medidas nuestras reservas de determinación y valentía. Frente a una gran multitud hay quienes por ser eso, una multitud, no harán absolutamente nada por atravesarla, de tal modo que puedan abrirse camino a sus soluciones; simplemente darán la media vuelta y se volverán por donde vinieron justificando el regreso con un: "Hay mucha gente, no podremos entrar, volveremos mañana".

Otros, en cambio, harán mil intentos por atravesarla. Saben que del otro lado de esa masa humana está la solución a sus desgracias; motivados por eso, sea como fuere y el tiempo que fuere, probarán en mil intentos otras tantas maneras de abrirse un surco que les permita pasar al otro lado, allá donde se encontrarán con eso que tanto buscan. Para estos dos tipos de seres humanos hay una multitud que deben cruzar; la diferencia es que simplemente unos regresan y otros acamparán allí hasta descubrir la manera de cruzar al otro lado.

Buen ejemplo el de la multitud, ya que eso es lo que hay y hasta sobra en la pequeña casa en el centro, desde la cual el Cristo está impartiendo sabiduría. Todos los que entraron no podrán salir, y todos los que no entraron, no podrán entrar. Más allá de los límites que la masa humana presente en ese día establece, el resto de los desafortunados que no tienen un lugar de privilegio deberán conformarse con ver el espectáculo de lejos y, por supuesto, deberán afinar al límite su capacidad auditiva, para de alguna manera atrapar algo de lo que el Cristo está enseñando.

Pero la escena nos regala ahora a unos cuantos hombres que llegan con esfuerzo al lugar de la inesperada convocatoria. Recortan sus figuras esforzadas a varias calles del lugar de reunión de ese increíble día. No se alcanza a primera vista a divisar bien en la distancia de quiénes se trata, el polvo y el gentío que cruzan de un lugar a otro de las calles hace difícil apreciar fijamente sus figuras.

Pero el detalle que los distingue es su seguridad y determinación: avanzan directo a la multitud agolpada en la puerta principal de la casa. Ahora que ya están prácticamente entre la masa de gente reunida bien cerca de la vivienda, se deja ver un segundo detalle, que no es menor. Uno de ellos viene acostado en una humilde y arruinada camilla. Traen a un pobre hombre que a todas luces había hecho de esa olvidable cama su principal sitio de residencia.

La sola observación del infortunado hombre asegura a todo el mundo que el enfermo jamás imaginó ser parte de tan irrepetibles circunstancias. Ahora que son parte de la multitud que pugna por oír y ver al Cristo, no quedaron dudas. Son los amigos de siempre. Conocidos por todos en la comarca. Siempre juntos. Unos caminan y el otro ve la vida desde la parálisis en una ruinosa cama. Nota sus rostros: no hay vergüenzas ni prejuicios por los eternos comentarios en voz baja de aquellos que, al observar la desgracia humana, solo dejan escapar suspiros de lástima, pero jamás gestos ni manos de servicio. Se les ve seguros y determinados. Transpirados y cansados por el largo trecho recorrido en el traslado, ensayan la mejor manera de atravesar el gentío para encontrarse entonces cara a cara con el Cristo de su esperanza.

Véanlos allí, rebotando de un lugar a otro en su deseo de entrar a la sala principal. Piden permiso y no se lo dan. Ruegan por favor, pero solo el silencio reciben como respuesta. Explican a unos y a otros de la prioridad que significa un paralítico por sobre todos los demás, y argumentan que por ello deberían abrir un paso en medio del mar de humanos y dejarlos entrar. Pero de nuevo la indiferencia llega como respuesta. Es que al ser humano le cuesta ceder posición cuando todavía no ha consolidado la suya. Le cuesta posibilitar el éxito a otro cuando él no alcanzó el suyo.

Así que allí están los amigos en custodia de su amigo del alma, el paralítico. Ellos ocupan más espacio de lo habitual, por eso fue imposible que no se percataran de los varios gestos de molestia e incomodidad dibujados en el rostro de la mayoría de los visitantes de la casa. Pero eso es lo de menos para los que tienen una decisión, porque estos están determinados a no irse a casa con su amigo igualmente paralítico sin antes ver en persona al Cristo de los grandes milagros. Primero intentaron por la puerta principal, y no pudieron ni les dejaron entrar. Luego fue el turno de probar por la puerta de acceso que da hacia los patios traseros de la vivienda. Allí también encontraron verdaderos tapones humanos. Dieron mil vueltas a la humilde construcción buscando un hueco, una grieta por la cual escabullirse, pero fue en vano, todos los accesos estaban bloqueados.

Acceso cerrado. Para algunos ese cartel es igual a abandono, para otros no es más que un potenciador de esa clase de determinación que empuja y empuja hasta que el hueco se abre, y con él se habilita el paso a lo diferente. Señoras y señores: he aquí un ejemplo de determinación y ayuda mutua definitivamente aleccionador. Uno postrado y otros de pie. Uno imposibilitado, pero otros no solo posibilitados, sino también solidarios. La gran contradicción de la vida. Los que quieren y no pueden, y los que pueden y no quieren. Pero he aquí también un ejemplo de que es posible romper con ciertos paradigmas, con ciertas fortalezas mentales que solo alimentan la cultura del sálvese quien pueda y como pueda.

Qué cuadro más ejemplificador. Un paralítico que quería pero no podía llegar al Cristo de su solución, y unos cuantos hombres desconocidos que no solo podían acercar al inválido, sino que también quisieron y lo hicieron. Y vaya ocurrente la forma en que lo hicieron.

A nadie se le había ocurrido ese día otra posible entrada a la vivienda -en este momento escuela- de nuestra historia. Un lugar no estaba en los cálculos, un lugar no figuraba en la lista de los accesos: el techo de la casa. Se miraron con esa mirada de acuerdo y complicidad, y se lanzaron a cumplir con el plan. A nadie más avisaron ni lo hicieron saber; simplemente volvieron a cargar la cama ambulante con el inválido a cuestas y se dirigieron raudamente a ese costado, el más bajo de la vivienda, y en tan solo unos segundos ya habían decidido cómo subirse al techo. Unos abajo, junto a la camilla, otros a unos metros parados en ese paredón que da directo al techo, y el resto de pie en el mismo techo. Un *pasamanos* humano.

Tomaron al amigo paralítico por debajo de sus axilas y tiraron de él hacia arriba con todas sus fuerzas, mientras los que estaban en tierra sostenían sus inertes pies. Primera etapa cumplida. En un momento y casi acostados sobre sus estómagos fue el turno de los que estaban montados en el techo. El mismo procedimiento. Unos sosteniendo los pies y otros tirando hacia arriba al amigo paralítico. Con inocultable expectación y firmeza recibieron el cuerpo casi muerto de su amigo, y por unos segundos lo dejaron apoyado cuan largo era sobre el inestable tejado de la vivienda, a la espera de que subieran a su inseparable compañera de la vida, su cama.

Ahora sí, todos en el techo, acomodaron suavemente al hombre de nuevo en su lecho, y como quien camina para cruzar la meta de su victoria, se instalaron justo sobre el lugar en donde el Cristo estaba impartiendo sabiduría.

¡Miren, por favor, lo que están haciendo estos inconscientes! ¡Están abriendo un hueco en el techo! Esto sí que se puso bueno, porque el trabajo de los amigos rindió sus frutos. Abajo, en la sala central de la casa, el Cristo se vio en la obligación de detener su conferencia. Es que polvo y paja caen sobre él de manera inexplicable. En tan solo unos cuantos segundos un boquete de grandes dimensiones se había consolidado sobre las cabezas de todos los presentes. Obligados, todos enfocan sus ojos hacia arriba, tratando de acertar qué o quién hará su aparición por la más desubicada puerta de acceso jamás practicada en una vivienda.

Efectivamente, uno de los amigos con sus ojos bien abiertos e inyectados de entusiasmo asomó su cabeza por en medio del hueco abierto en el techo para constatar que habían trabajado en el lugar correcto. Pasó el informe y, acto seguido, a la cuenta de tres, y sorpréndanse todos, se unieron en fuerza y balance para bajar a su amigo inválido con cama incluida frente a la misma nariz del Cristo que –como todos– no sale de su asombro.

Para aplaudir de pie tanto la ocurrencia como la solidaridad. De cuántas cosas somos capaces los humanos cuando de ser solidarios se trata. ¿Qué hacer ahora? ¿Echarlos del lugar porque no concertaron la correspondiente cita? ¿Recriminarlos por haber roto el techo de una casa? ¿Entender el dolor del paralítico pero juzgarlo por haber interrumpido una conferencia? Miren, por favor, el auditorio. Por un interminable y eterno minuto no hay condenas, solo hay asombro. Acaban de ver en acción a la sensibilidad y el desinterés en carne y hueso. Unos cuantos anónimos cargaron y trasladaron a un imposibilitado. Quisieron, pudieron, lo hicieron y a nadie pasaron factura de honorarios.

Unos cuantos creyeron y con su acción solidaria y desinteresada inyectaron entusiasmo puro en las muertas venas del anónimo hombre de la cama. Cuánta seguridad, cuánto amor y cuánta determinación. Creyeron que el Cristo podía hacer algo por él y rompieron seguros el techo que separaba el deseo de la concreción. Fe, sensibilidad, desinterés y solidaridad se complotaron ese día para que uno que no podía lograra resolver su agonizante necesidad.

Una necesidad específica

¿Y ahora? ¿Cómo sigue esto? ¿Cómo se come este plato? Por tan solo un instante observen, por favor, los ojos del Cristo. Está visiblemente emocionado e inocultablemente asombrado. Por eso no es extraño escucharlo gritar a modo de categórica afirmación:

–¡Jamás vi tanta fe junta por estos lados!

Es que ese día hubo unos cuantos hombres que se dieron cuenta de que no podrían sacar de su parálisis a su compañero, pero que sí podrían sacarlo del lugar de su residencia para ponerlo frente a frente con aquel que sí podría hacer algo por él. Esto es lo que entendieron estos anónimos hombres. No pueden sanarlo, pero sí pueden llevarlo al lugar donde podrá ser sanado.

Cuán sencilla es la ecuación. El hombre inválido no necesitaba oír argumentos del tipo que sean para justificar el no avanzar en pos de encontrar esas soluciones tan necesitadas y deseadas. Él no necesitaba sermones diagnosticando errores por los cuales fue a terminar viviendo en una cama. No necesitaba profetas del no creer que lo amarraran aun más a su cama de desesperanzas e imposibilidades. No necesitaba a comerciantes de la fe que se quedaran con sus pocos pesos a cambio de un milagro que jamás podrían concretar. Solo necesitaba que alguien lo llevara y lo colocara frente al Cristo que podría dar la esperada solución.

Ahora sí toda la atmósfera cambió. Miren la escena y respiren profundo, por favor. En el centro de la sala el Cristo está de pie. A solo unos centímetros de él y recostado en el maltratado lecho, implorante y sorprendido, espera el inválido más famoso de la región. Y allá arriba, los locos de nuestra historia, asomados por el hueco, esos amigos que miran hacia abajo con ojos satisfechos e inundados de lágrimas que no pueden contener la emoción. El auditorio ya no quiere oír enseñanzas, quiere ver y saber qué hará el Cristo con ese paralítico que el amor heroico y solidario de sus compañeros descolgó de un techo con total y ejemplar convicción. Lo miró a los ojos y le dijo:

—¡Todos tus errores te son perdonados y aun reparados!

Colosal. Acaba de decir algo antes de hacer el algo que todos esperaban. Eso tiene el hombre más transgresor de toda la historia. Sabiendo a quiénes tenía en su auditorio, no dudó en primero *decir* para luego *hacer*. Primero ofreció perdón, quizá porque es verdad que las más veces estamos paralíticos de nuestro espíritu más que de nuestros cuerpos. Quizá porque necesitamos todos oír que alguien no solo entiende nuestras miserias, sino que también nos dice que podemos salir de ellas. Entonces antes, de que se desatara la guerra y literalmente procedieran a lincharlo por el atrevimiento de perdonar errores y romper tan osadamente otro paradigma de la religión organizada y fosilizada de esos días, remató diciéndole al hombre acostado en su cama:

–¡Levántate, toma tu camilla y vete a tu casa!

¡Redoble de tambores, damas y caballeros!, pero solo por unos cuantos segundos. Sí, porque solo tomó unos segundos la respuesta del inválido más sorprendido de toda la historia. No supo cómo, solo se dio cuenta de que de nuevo había fuerza en sus músculos y sus huesos para volver a ponerse de pie. Y eso es lo que hizo, ante los ojos atónitos de todo el mundo: se puso de pie, tomó a su fiel e inseparable amiga, la cama, y se fue a su casa saltando y dando gritos de explosiva alegría.

El que estaba inválido en una cama se fue caminando con la cama bajo uno de sus brazos. Ahora, presta atención, porque la historia ya no nos dice nada más de los fieles y solidarios amigos. La cámara se la robó el que siendo paralítico se fue a su casa caminando. Los amigos del paralítico, más humanos y solidarios que nunca, entendieron su rol, su papel en toda esta historia. Ni sanar, ni perdonar. No era ese su trabajo. Tan solo trasladar sin esperar recompensa de ninguna clase, esa era su misión. Tan solo hacer lo posible, y también eso que estaba más allá de sus fuerzas y sus cálculos, para colocar a un desdichado frente al hombre que le devolvería la dicha. Solo poner al inválido frente al Embajador del cielo.

Y como corresponde a una noble historia como esta, nada más se supo de los amigos. ¿La razón? Más que obvia. No los movió el deseo de crédito alguno. No buscaban honras ni quedarse con glorias a expensas del sufrimiento de un hombre en dolorosa necesidad. Nada más se sabe de ellos porque no vinieron por algo a cambio. Desaparecieron, pero no sin antes reparar el techo que en firme convicción abrieron para sanar a un amigo en deplorable situación. Se fueron y no esperaron dinero por su buena acción. Entendieron que no bastaba con lamentar la desgracia de un mortal, sino que también se hacía necesario hacer algo concreto que sacara a aquel de esa paralizante situación.

Se fueron con perfil bajo, quizá porque las buenas acciones no se gritan ni se venden, simplemente se hacen en silencio y carentes de cualquier clase de corrupción. Entendieron que no es solo describir los males, sino también hacer lo que sea necesario para aliviarlos.

Siempre es mejor de a dos

¡Ah, qué historia esta presente historia!. La contundencia de los actos concretos que rayan en lo heroico y son capaces de superar cualquier teoría, y aun de dar por el piso con cualquier excelencia de palabras. Definitivamente, los diagnósticos que llenan las páginas de los dolores humanos no curados se hacen inservibles frente a un gesto de servicio al prójimo, así como excelente también desinteresado. Posiblemente ni ellos se dieron cuenta de lo que hicieron y aun de lo que estaban fortaleciendo. Nunca es mejor estar solos. Nunca será mejor prescindir del auxilio de otros seres humanos. Siempre será mejor enfrentar la vida de a dos.

Siempre es mejor de a dos. Mejor dos, porque en la alianza obtendrán mejores réditos de toda clase. La cultura contemporánea no hace más que fortalecer el autismo, alentar la competencia y agrandar las distancias que separan a los mortales entre sí. Sufrimos la fiebre de la independencia y despreciamos la cura de la interdependencia. Ya no somos relativos, ahora nos movemos como absolutos. Sentados al volante de nuestra existencia omnipotente y enfermizamente autosuficiente, vamos por la vida sin importarnos demasiado aquel mortal que pasa y sufre a nuestro lado sus más crudas realidades.

Así vamos, cultivando el culto a un yo que no se cansa de hacer riquezas, sin darse cuenta de que en el proceso se va condenando a vivir como un *"uno"* solitario que defiende hasta la locura su territorio inexpugnable, que lo mantiene cerrado de tal modo que quedarán eternamente trazadas las distancias entre nuestras realidades solitarias y las de aquellos otros mortales.

Mejor siempre son dos, porque si uno se cae siempre habrá otro que lo levante. Demasiados en la tierra mueren en interminables agonías en el lugar de sus caídas. Vivir solos desespera, morir solos no puede definirse. Nadie que te cuide, nadie que te llore, nadie que cuente tus historias. Nadie que relate tus hazañas. Nadie que honre tu memoria. Nadie que te entierre. Si uno cae el otro lo levanta, esto debe dejar de ser solo una tesis.

La práctica diaria en toda la tierra nos habla de lo inverso. Basta con ver a uno caído para abalanzarse sobre él como moscas a la miel. Espectadores acostumbrados a ver el abandono de los prójimos. El diario espectáculo que se mantiene a la cabeza como el espectáculo que mayor cantidad de gente lleva. Moribundos eternos que cargan encorvados la bolsa de sus soledades. Que luchan solos, sueñan solos, sufren solos, mueren absolutamente solos.

La rueda de la vida gira según la regla que rige la convivencia de los humanos, la cual dice que lo más común y cotidiano es esa clase de egoísmo que condena a la humanidad a solo ver prójimos sufrientes, pero difícilmente hará de la solidaridad un movimiento masivo, mundial, mayoritario, que cambie esa regla. Cuando veas a uno caído, no seas uno más de la masa en tu manera de actuar. No hagas leña del árbol caído. No remates al que cayó. No practiques la regla más torcida de la historia nuestra, pon en marcha la excepción. La excepción se llama cooperación, se llama solidaridad.

Mejor son dos que uno, porque juntos se proveerán de calor. Bendita vivencia la de ser auxiliado por el calor de otro que no se conforma con verme morir congelado. De esto sabemos mucho. Cual periodistas experimentados solo somos capaces de informar del dolor que hace gemir al planeta. Extensas e interminables listas de estadísticas de las más variadas, y por cierto bien completas.

¿De qué sirve tanto análisis si el mismo no desemboca en soluciones?

Son como esos pozos en las calles de mi país. Por meses están allí, reinando en medio de la acera, y por la misma cantidad de meses un cartel frente a ese hueco dice: "¡Cuidado, hay un pozo!" Somos buenos para anunciar pozos que no eliminaremos, porque se quedarán a vivir con nosotros.

Anunciar el peligro y no eliminarlo no solo es contradictorio, sino que es de necios. Mundo necio, que anuncia las miserias de casi tres cuartos del planeta con rostros serios y quebrados por la información que se entrega, pero al minuto volverá a encerrarse en sus fortalezas autistas y egoístas, y se olvidará de la suerte que corra la tan olvidada raza humana. Mundo con arranques de solidaridad. Buenos y ejemplares, por cierto. Pero no es otra cosa que la batalla de la hormiga contra el elefante. La necesidad frente a un corazón egoísta será entonces triple necesidad.

No es tanto qué hacer con el prójimo, se trata más de querer hacer algo por él. Se trata de cambiar un paradigma, una fortaleza mental que nos impide correr en auxilio espontáneo y solidario hacia el otro y, al mismo tiempo, puede hacerme correr para eliminar a ese otro. Imagine por un momento un mundo que ostente como regla a la solidaridad como un acto espontáneo, voluntario, desinteresado y permanente en el tiempo.

Definitivamente, no hay límites para imaginar los beneficios. Pero así están las cosas. Al que tiene frío le tiramos unos pesos o, mejor dicho, alguna limosna. También le alcanzamos alguna ropa y algún colchón, usado... pero en buen estado, y nos vamos con la sospecha de que eso será suficiente para que no muera congelado.

No nos dimos cuenta en el proceso de que hay fríos que pueden ser vencidos con algunas prendas y un humilde fuego a modo de calefacción. Pero hay otros fríos que las ropas que cubren nuestros cuerpos no podrán debilitar. Son los fríos solitarios. Los fríos del abandono y la soledad. Los fríos congelantes por saberse solo en esta jungla.

De saber que por uno que quiera ayudarme, habrán diez que quieran eliminarme. No es mero repartir ropas a los que no tienen. Se trata de pasarle mi calor. Se trata de acercamiento. Se trata de abrazar, besar, estrechar, acurrucar, escuchar, proteger... hasta que el calor de la vida, hasta que la esperanza y la emoción de vivir y saberse vivo resucite en tantos que aun con vida se sienten muertos. Mejor siempre son dos. Dos que saben que alguna vez podremos caer, y que esa vez el deber simplemente será poner de pie al otro.

De eso se trata el relato que ya termina. Un olvidado hombre paralítico que hizo de su cama su bien más preciado, y también su casa más habitada. La necesitaba para vivir, para vivir acostado. Inmóvil de brazos y de piernas, pero no de razón y sentimientos. ¿Qué se siente al observar y ver pasar la vida desde una cama? ¿Cuántos sueños truncos amarrados a las sábanas? ¿Cuántos vuelos cancelados a las estrellas y cuántos retornos de un futuro no alcanzado a un presente de impedimentos no esperados? ¿Cuánta frustración amontonándose en el corazón al paso de los años? Pero, cuántas preguntas y cuántos miedos en el instante exacto que frente a su inválido cuerpo se pararon esos amigos del barrio.

Cuánta sorpresa al descubrir que esta vez no vinieron solo para conversar y hacer más digerible su jornada. ¿Cómo hacer para detenerlos en su decisión de llevarlo a tener una cita con el mismo Embajador del cielo? ¿Cómo decirles que no, cuando ya lo llevan levantado en su preciada cama y corren entusiasmados esos metros que los separan de la vida? ¿Cómo hacer entender a estos anónimos solidarios de la inconveniencia de hacer malabarismos con su cuerpo casi muerto al subirlo a ese techo frágil que oficia de improvisado piso en este increíble relato? ¿Qué argumentar cuando se descubre que es descolgado del techo y estacionado justo frente al Cristo de los grandes hechos? ¿Cómo, de qué manera se dice gracias al comprobarse sano y lleno de la añorada vida de nuevo?

El hombre de la cama ya no desea encontrar respuestas a preguntas que no necesitan de ellas. Decidió no preguntar, simplemente se dio cuenta de que era su hora de disfrutar. El que no caminaba se fue caminando a casa. ¿Por qué o gracias a quién? Ese es el poder de esta historia. Uno no pudo, pero otros sí, e hicieron algo por aquel. Hicieron lo que pudieron y no prometieron lo que nunca tuvieron. Es el poder de la solidaridad que les hizo moverse no para sanar ni juzgar, sino simplemente para trasladar. Es el ejemplo contundente que afirma que se puede, en tanto y cuanto se quiera hacerlo.

¡Cómo necesitamos emular a estos ilustres desconocidos! Cuánta carencia de solidaridad y ayuda pronta en nuestras bélicas relaciones humanas. Cuán desnudas de ropa solidaria están nuestras prácticas diarias de convivencia con los demás mortales. Acostumbrados a no auxiliar. Acostumbrados a sospechar y dudar de las reales motivaciones del que viene en nuestro auxilio. Temerosos de extender la mano, no sea cosa que se tomen también el codo. Así vamos moviéndonos por la vida. Unos muchos sufriendo, unos pocos encerrados en sus propios mundos, o viceversa.

Historia de generosidad limpia de cualquier clase de virus egoísta e indiferente. Se movieron y obligaron al Cristo a hacer su parte en esta maravillosa sinfonía de solidaridad. Está terminando la historia. El Cristo solo cumplió con un sencillo trámite. Tan solo puso la frutilla de una torta que fue elaborada por completo por unos cuantos anónimos, sensibles y desinteresados seres humanos.

Vamos a animarnos a creer que es posible el cambio. Vamos a formar un ejército de creyentes que crean que la indiferencia puede cotizar más bajo que la solidaridad. Lancémonos al abismo de lo desconocido, de lo nunca hecho. Adentrémonos en esos caminos jamás caminados. Salgamos mañana por la mañana y –a diferencia de nuestros monótonos y autistas días– hagamos eso que no hicimos decretando así la muerte de esa clase de rutina que nos hizo creer que no somos necesarios para los otros.

Soltemos una sonrisa al que se cruza, demos una mano y digamos: "¡Buen día!" Lancémonos al desafío de no esperar solidaridad, sino brindarla a favor de otro. ¿Por qué no? Decidamos descolgar a alguien de su techo de impedimentos. Hagamos un acto concreto de servicio a otro conocido y a otro no tanto. Ensayemos mil maneras para lograr ponerlo en el lugar de su recuperación y sustento. Saquemos a alguien de su aislamiento por la sola fuerza del amor voluntario. Probemos –aunque sea tímidamente– trasladar, romper un techo y descolgar en la tierra de la esperanza a uno que quiere pero no puede con sus batallas. Hagámoslo y no esperemos nada a cambio. Hagámoslo y demos un paso al costado, para solo pasar a ser observadores satisfechos luego de tan magno deber cumplido.

Asoma tu cabeza en el hueco que hayas abierto. Llena tus ojos de legítimas lágrimas. Mete tus manos en los bolsillos, silba tu canción más preciada en perfil bajo, y una vez que hayas visto la recuperación de un mortal herido, vuélvete a los tuyos, pateando piedritas, y desaparece de la escena tan rápido como viniste. No te quedes a la espera de esos aplausos traicioneros. No habrá lugar en primeras planas para aquellos que saben que la solidaridad no se grita a los cuatro vientos. Que esto es solo un asunto de servicio motivado por el bien a todos los hombres, y potenciado por la fuerza genuina del tan olvidado amor. Ayuda mutua, sensible, desinteresada, generosa, es lo que necesita este mundo jamás tan herido y olvidado como hoy.

Finalmente, no puedo más que pedirte me dejes descolgarte del techo de tu imposibilidad, y simplemente me permitas ponerte frente a frente de aquel que con solo una palabra puede llevarte desde tus parálisis más invalidantes a experimentar la vida como jamás lo sospechaste.

Crónicas del EMBAJADOR del cielo

Encuentros personales con el Cristo que transforma

OMAR HERRERA

Sangre violenta

Para que jamás miremos como normal la anormalidad de la
furia

Capítulo 11

Lo acabo de ver en el noticiero central. Es la nota que se robó la emisión del resto de noticias de toda la jornada. No supera los veinte años y ha cometido la peor de sus locuras. Acaba de asesinar a su propia madre y, desnudo de cualquier afecto natural, ha arrojado el cuerpo de la que le dio a luz a un inmundo contenedor de basura.

Mientras camina esposado al móvil policial, responde insensible y cubierto de esa frialdad que no se explica porque tuvo que hacerlo... dice... *"porque estaba cansado de tantos e interminables maltratos por parte de la que le dio la vida"*. Maltratos y aun violaciones. Como toda respuesta a tamaña violencia, más violencia. Suma de iras que finalmente terminan con una vida, encierran en prisión a otra y destrozan un nuevo proyecto familiar para siempre. Nota cotidiana. No nos sorprenden ya esta clase de crónicas.

Inmunizados a la furia en todos sus disfraces, asumimos que encontraremos su obra en cada día de todos nuestros días. Una y otra vez, incansable, cada mañana el mundo despierta con las cruentas e incontables consecuencias de la furia suelta por todas sus calles. Tan normales, tan nuestros, tan de todos los días son los reportes diarios de odios y desprecios que destrozan vidas por todas partes. Furias, odios sin límites que no han hecho más que transformar a la vivencia humana en la más gigantesca crónica de sucesos necrológicos. Vivimos en el centro mismo de un gigantesco polvorín.

Todo explota en iras. La naturaleza está furiosa. La raza humana está furiosa. Furia implacable que logra su cometido, que hiere, destruye, destroza, mata y separa. Furia, monstruo omnipotente que deambula suelto haciendo estragos en la rueda de la vida. Bestia repugnante blandiendo su espada bañada en sangre de seres humanos queridos y especiales. Furia, dragón maloliente en búsqueda insaciable y jadeante de una próxima víctima. No importa de quién se trate, un niño, un hijo, una esposa, da lo mismo; solo necesita sangre, ese es su mejor y único combustible.

Furia que provoca guerras. Guerras frías y otras no tanto. Guerras entre naciones. Guerras entre vecinos. Guerras con nosotros mismos. Guerras de enemigos y guerras entre amigos. Furia que desata batallas. Batallas que destrozan cuerpos y mutilan futuros. Furia omnipresente. En las noticias, en las naciones. En el estadio. En el barrio. En la calle. En la casa. En el semáforo de la esquina. Ella se hará ver y sentir de cualquier manera. Está entre nosotros. Vive con nosotros... ¿o posiblemente seamos nosotros?

Sepulcro, piedras y sangre

Ahora sí que al Cristo le toca enfrentar uno de esos desafíos con mayúscula. Acaba de llegar con su comitiva a la tierra de los gadarenos, o de los que vivían en Gadar. Una corta travesía a través del gran lago en avejentados botes los puso en la orilla de una tierra que sería el escenario de la aparición de uno de los hombres más violentos de todos los relatos bíblicos. El Cristo respiró profundo, la brisa dio de

lleno en su rostro y, acto seguido, se desperezó con ganas y sin ningún protocolo. Estiró sus brazos por detrás de su cabeza, dio un par
de golpes secos a derecha e izquierda para intentar descontracturar
su cuello, y bien despacio se dispuso a cumplir con el cometido que
lo llevó a tan peligrosa tierra.

Ahora de pie y con todos sus sentidos activos, sus ojos han captado
algo a lo lejos, y literalmente queda absorto mientras lo observa. Es
que no se parece en nada a un comité de bienvenida. Avanza con
demasiada torpeza, como sin rumbo pero inequívocamente lo busca a él. Grotesco, humanoide, temible y a todas luces desconcertante, corre veloz y peligroso a su encuentro.

Es el hombre de Gadar. El único poseedor de tres características
que nadie en toda la tierra querrá alguna vez envidiar, ni menos se
animará alguna vez a querer disputar.

Viene de los sepulcros, trae piedras en sus manos y está bañado en
su propia sangre. Llama la atención el estado deplorable del infortunado hombre. Cabello largo, enredado y endurecido, producto
de vaya uno a saber cuánto tiempo sin tocar el agua. Ojos inyectados en sangre, perdidos, sin vida y abiertos solo para imprimir terror. Manos cortadas, arruinadas y uñas largas, sucias y peligrosas,
cual lancetas de avezado criminal. Torso desnudo, heridas abiertas
esa mañana y otras que ya dejaron su marca en el cuerpo que más
ha sufrido los golpes de su propia rabia en toda la comarca. Casi no
tiene ropas; su cuerpo es una armónica sinfonía de marcas, tortura
y terror. El Cristo no sale de su asombro, *eso* que viene corriendo en
cruenta y desesperada explosión de ira hacia él, es un ser humano.

Sí, es un ser humano poseído por la furia. Hay algo que nos muestra
sin anestesia el furioso hombre de Gadar. Inexplicable, incomprensible, viene hiriéndose a sí mismo y aun a cualquiera que se atreva a
cruzarse en su camino. Cómo explicar tan demencial manera de

ser. Es un ser humano común y corriente atormentado por una clase demoníaca de agitación tan violenta que se apoderó de su vida y, cual león a su presa, ya no quiere soltarla. Solo grita, asusta y sangra.

En medio del éxtasis del increíble espectáculo que ofrece el gadareno soltando soplidos de fastidios y demencias, uno de sus discípulos, valientemente escondido detrás de la espalda del nazareno, le susurra suavemente el resumen de la vida del mortal más malo de Gadar. Hombre con fama de temer. Su nombre y su bélica manera de vivir ya habían trascendido todas las fronteras. Él es el hombre que se fue a vivir entre los sepulcros. El único mortal al que en cientos de ocasiones se le ató de manos y pies con grillos y cadenas, solo para ver cómo las haría polvo con asombrosa facilidad y rapidez un segundo después. Esposas y cadenas, solo intentos vanos y desesperados de dominar una furia que vez tras vez volvió a pararse libre, para seguir sembrando el miedo y la guerra por todas partes.

Es el gadareno, el hombre que no tiene paz consigo mismo. Es el hombre en activo y diario pie de guerra con los prójimos. De día y de noche fue el obediente esclavo de una misma y atroz rutina: deambular sin rumbo entre montes y sepulcros. Todos en el vecindario se acostumbraron a sus gritos. No hubo una noche en la que el hombre de la furia gozara de un minuto de descanso de tan inhumano y cruel tormento.

Gritos y alaridos infernales que helaban la sangre eran solo vanos intentos por liberarse de su ira. Piedras asesinas en ambas manos, completando el cuadro más bélico de aquellos días. Piedras que, oficiando de filosas dagas, abrieron surcos de sangre y dolor en la piel del hombre más temido de la ciudad. Es hombre, es humano, pero la furia lo condenó a ser y vivir como una simple y temida caricatura de horror que en nada se parece ya a aquel hombre íntegro que alguna vez la sociedad conoció.

Sepulcro, piedras y sangre. Triángulo de terror por excelencia. Tan parecido a nuestros años del tercer milenio. Demasiados solos, gritando en silencio, sufriendo a solas, escondidos, temerosos y sangrantes. Humanos que caminan diariamente entre sepulcros, piedras y sangre. Calles europeas, americanas u orientales que exhiben sin escrúpulos sus fosas hambrientas de nuevos cuerpos. En todas partes humanos que huyen en pánico del monstruo más sangriento y espeluznante de toda la historia, la furia. Bestia invisible que en eterno deambular de demencia sigue engrosando insolente las crónicas de odios, sangre, muerte y distancias.

Furia que usa dedos humanos para apretar gatillos que solo darán de baja a otros humanos. Furia que usa manos humanas hechas puños para romper quijadas de esposas y marcar de por vida la espalda de sus hijos. Furia demente que arroja al mundo hijos abusados y golpeados por los mismos que los han parido. Furia que cruza océanos para desembarcar con fusiles y soltar misiles que levantan cabezas de niños e inocentes como único y demencial trofeo de victoria. Furia que mata y despoja, y no habrá barril de oro negro que justifique tan desquiciada orgía de piedras, sangre y sepulcros.

El último capítulo de esta obra. Ni el más triste, ni el menos coherente. El más doloroso, si se quiere. Es de todos los días. Enojados con nosotros mismos. Enojados con Dios. Enojados con el planeta. Enojados con el prójimo. Hablamos, vivimos, negociamos con piedras en las manos. Piedras lanzadas unos contra otros. Piedras que solo saben romper y cortar. Piedras que hacen sangrar y empujan a los mortales a verdaderas tumbas que truncan vidas y destrozan proyectos. ¿Viste las noticias esta mañana? ¿Leíste el periódico hoy? ¿Escuchaste el reporte radial de hace un instante? Te habrás percatado de la omnipresencia de la furia. Su obra está en todas partes y se ha encargado de hacerse ver y oír por todos los medios de prensa y difusión. De hecho, la furia vende bien y paga mejor, y millares de mortales se hicieron cómplices de esta rueda de sangre, piedras y sepulcros.

Hay poder en la paz y produce cambios

Su cabello cubre desordenado su avejentado rostro. La ruina dejó sus huellas en todo su cuerpo. Jadea intempestivamente mientras todo él se debate en un solo e incontrolable temblor. Una espuma blanca y pegajosa cae por las comisuras de su sucia boca, se estira hasta tocar el piso. Sigue ostentando una imagen de terror, pero increíblemente no ha soltado un solo golpe. No ha lanzado ninguna de sus filosas piedras. Ni contra él ni contra otros.

Cesaron los alaridos, y en sus ojos ya no hay demencia concentrada. Su frenética carrera no termina rompiendo los huesos del Cristo de la vida. No está de pie, parece haberse estrellado contra una pared invisible, y acaba de caer con la rapidez de un latigazo, de rodillas, delante del Cristo de los grandes cambios.

El rabioso hombre de Gadar no ha podido dar su mejor golpe. Tampoco ha recibido ninguno. Esta vez no hubo grillos en sus manos ni cadenas en sus pies. Tampoco llegaron los hombres grandullones que, sumando fuerzas, pudieran doblegar la furia del hombre más desdichado de aquel país. Esta vez no hubo sepulcros que habitar, piedras para cortar ni sangre que derramar. El hombre más violento de toda la historia local acaba de entrar en esa calma que hace tiempo había dejado de disfrutar. Simplemente no fue necesario seguir siendo igual. Alguien acaba de marcar la diferencia. Alguien que del otro lado no lanzó piedras, no dispuso grillos ni alistó cadenas. Violencia o no violencia. Alguien hizo uso de la opción.

Opción. Solo hay una para los procedimientos infestados de violencia. No es más de lo mismo, pues solo dará a luz mayor dolor. Opción. La no violencia es la opción. Opción, el camino por el cual los cambios pueden llegar sin necesidad disparar de ningún arma.

Ese día se paró frente al hombre más violento de Gadar aquel que hizo uso de la opción. Uno tan seguro de sí, que al mayor de los violentos simplemente lo esperó desbordando amor, comprensión y seguridad. Ese fue todo el encuentro. Uno de pie y otro de rodillas frente a él.

Pero hay algo poderoso en la escena. No hay aquí un vencedor ni menos un vencido. No está de pie el opresor ni de rodillas el oprimido. Nada de botines de guerra, nada de repartir los despojos del que de rodillas quedó. Rodillas y rodillas. Las de los que muerden el polvo de la derrota por una batalla perdida, y las de los que simplemente cansados de correr en busca de solución piden a otro que se haga cargo de su situación. Un hombre pide ayuda e implora por ella con desesperación. Otro, el Cristo, de pie se dispone a entregarle al hombre aquello que furiosa y necesitadamente vino a buscar: paz. Hay poder en la paz y produce cambios.

El cuadro es perfecto, increíble. Digno de retratar. El hombre furioso de Gadar está sentado al lado del Cristo que, sin temor y con mucho amor, posa suavemente su mano sobre la cabeza del hombre que a partir de ahora ya no es ni volverá a ser el hombre más furioso y peligroso en todo Gadar. Es digno de verse. Me pregunto cómo nadie llamó a los reporteros todavía.

Quien alguna vez aterrara los alrededores con sus alaridos nocturnos, quien alguna vez cortara su cuerpo con piedras y habitara en los sepulcros, está ahora con su juicio y razón en pleno y normal funcionamiento. Recuperado en tan solo unos segundos, disfruta respirando toda la paz. Es la obra de la paz.

Jamás habrá paz si alimentamos la guerra. Jamás llegaremos a un acuerdo si disparamos ofensas antes de sentarnos a dialogar. Nunca llegaremos juntos a nada mientras que las piedras que van y vienen sigan siendo la más común y sangrante manera nuestra de convivir. Nada juntos, todo distante en la medida que anticipemos amenazas y justifiquemos nuevas guerras. El hombre que en vez de sangre sintió violencia correr por sus venas es ahora el centro de mayor confusión para los cientos de extraños y no tanto que lo vieron aterrar la vida de toda la ciudad. Este es ahora el cuadro de mayor impacto.

Cuando la lógica de los mortales dice que la violencia siempre engendrará mayor y más violencia, acaba de producirse la excepción a la regla. La furia fue silenciada por la paz. La rabia absorbida por el amor. Los alaridos por el silencio esgrimido por uno que estuvo seguro de que jamás gritos, amenazas y agresiones traerán ni una pizca de la paz que desesperadamente los humanos necesitamos encontrar.

Cuánta contundencia. Una imagen reemplaza mil palabras. Alaridos, sangre, sepulcros, demencia, furia al por mayor dieron paso a la paz, la conciencia y la dignidad. Ya no es el hombre furioso de Gadar. El poder del amor, la fortaleza de una creencia, la misericordia de un corazón hicieron el milagro de la más increíble transformación.

Cambiemos piedras por amor

Tengo que terminar este capítulo y, simultáneamente, con todo el esfuerzo que implicó la elaboración de este libro. La forma a este final se la estoy dando en una cálida casa en la que me hospedan mientras cumplo con una serie de conferencias pautadas en su momento. Estoy sentado en el living y escribo mientras en un programa frente a mí se ve a un juez que interviene para resolver las diferencias entre dos litigantes. Definitivamente con un alto índice de audiencia. Todo gira alrededor de odios, dolores, abusos e infidelidades. Acaba uno de ellos de lanzar un vaso de agua en pleno rostro del que le causó dolor, y un corpulento guarda de seguridad interviene para que la diferencia no termine en una batalla campal.

El próximo caso desafía al honorable juez a ser eso, un juez con todas las letras, ya que una mujer quiere divorciarse producto de las palizas que sistemáticamente le propinó su "amante" marido. De hecho, acaba de concederle a la mujer golpeada su respectivo divorcio. El sueño matrimonial de siete años acaba de hacerse pedazos por obra y gracia de la violencia doméstica.

Ayer recorrí algunas tiendas buscando recuerdos para sorprender y homenajear a mi hermosa esposa, Cristina, y a nuestros cuatro hijos, y de nuevo la omnipresencia de la furia que hace de las suyas en un lugar a donde se va a comprar y no a pelear. La mujer con su bebé en brazos grita palabras irreproducibles a una vendedora de diferente color de piel. Furia desatada por supuesta discriminación. Vendedora helada por la sorpresiva y bélica situación, y comprador que se va sin comprar y maldiciendo sin tabúes todo el árbol genealógico de la que nada le vendió.

Así pudiera pasarme el resto de la tarde relatando crónicas de furia y dolor. De hecho, solo algunas que vi y de las cuales fui un ocasional y simple observador pueden servirnos para ilustrar todo esto un poco mejor.

El boxeador acaba de recibir una paliza en el cuadrilátero de su vergüenza. Miles de espectadores celebran la victoria de su boxeador favorito. El perdedor, con su cabeza gacha, desciende de la plataforma en la que acaba de perder su pelea. Al segundo de poner su pie en el piso, un coro de fanáticos celebra en su propia cara la victoria de su ídolo, y eso fue suficiente para que una gresca descomunal se destara sin control. Golpes de puños y patadas que van y vienen. Sillas voladoras y maldiciones sin límites completan el cuadro de la furia suelta en un centro de espectáculos que ahora oficia de gigantesco ring.

Un grupo de jugadores de fútbol *soccer* rodea al árbitro del juego y le recrimina una decisión. Los ánimos suben hasta hacer que el reclamo se haga tan peligroso que la policía que custodia el partido se ve obligada a tomar cartas en el asunto. Increíble, el arma en manos de un oficial de la seguridad es disparada contra uno de los jugadores, y este se desploma herido en el pecho. El fin de la controversia llegó con la violencia de un disparo. El caos y la furia ahora se adueñaron de todas las tribunas.

Alguien acaba de estrellar su auto contra la parte trasera del que está esperando doblar la esquina. Una colisión para preocupar. El conductor agredido se baja de su golpeado automóvil y se encuentra con el que lo chocó entre uno y otro auto. ¿Y qué? Sí, se fueron a las manos y se golpearon bien duro. El final de la historia callejera nos da autos chocados y también, cómo no, rostros amoratados y narices soltando sangre.

Es un matrimonio de varios años. Las diferencias lógicas entre ambos fueron al paso del tiempo colocándolos en aceras diferentes. La reunión que busca conciliar las diferencias se desarrolla en el comedor principal de la casa que ambos con inmenso esfuerzo construyeron. El mediador está entre ambos, no es un ring, es el comedor de la casa. Los gritos aumentan, las ofensas y recriminaciones se dejan oír una tras otra. Solo hay odio en donde hubo amor y, por supuesto, ya no quedó nada del matrimonio en cuestión.

El niño es tan solo un bebé de meses. Acaba de ingresar al hospital. Es una de varias entradas que ya ha hecho a ese lugar de mano de su madre. Pero finalmente, esta vez, se supo la verdad. Las marcas en varios lugares de su tierno cuerpo no son caídas accidentales. Son el doloroso resultado de silenciosos apretones, disimulados golpes y demenciales marcas de cigarrillos encendidos apagados en su piel. ¿El autor? Su propio padre. Padre, pero violento y abusivo que marca piel y recuerdos de su indefenso e inocente hijo.

El hijo no acepta los límites. Reclama aire, puesto que se ha hecho un hombre. La posibilidad de hablar las diferencias con su inexperto padre se hacen añicos al primer portazo, el primer grito y la primera demanda. Una puerta es herida por un ladrillazo. Una piedra en la mano del hijo enfurecido se mueve peligrosa, mientras detrás de irreproducibles maldiciones promete aniquilar como sea al que le dio la vida. Un hijo y su padre que aprenden a vivir en violencia, y a la vez haciéndose inexpertos para convivir en amor, paz, respeto y paciencia. Una familia hecha añicos, corazones al punto del infarto a la primera diferencia.

Los relatos pueden sucederse unos tras otros. La fábrica de la furia nunca cierra y jamás sus valores cotizan en baja en la bolsa de la vida. La furia sigue produciendo en serie. Siempre encuentra envases a los cuales sigilosamente invadir y finalmente controlar. Son individuos humanos a los que domina con desconcertante facilidad. Mira bien estimado lector, y descubrirás que este sentimiento humano está destruyendo a la raza humana.

El furioso hombre de Gadar es tan solo un caso testigo. Tan solo un caso de los millones que le dan forma al odio, millones que han hecho del odio y la furia una industria que se jacta de seguir con vida intocable y, según algunos, hasta necesaria. Señoras y señores, qué absurda novela es esta. Metidos todos en este pequeño y sufrido planeta, y todo parece indicar que queremos seguir siendo esclavos de esta cultura en la que despreciaré lo tuyo pero amaré hasta la enfermedad lo mío. Una máxima que da miedo... *No toques lo mío, puedo destruir lo tuyo.*

Por allí vamos entonces, insoportables, vengativos, intolerantes y enojadizos. La explosión de furia viaja a flor de piel. Programada para explotar en cualquier instante. Un semáforo que no cambia su luz, un perro que se cruzó, un malgasto monetario, un error del que amamos, un llanto incontrolable de un bebé en la madrugada... no importa, por pequeño que sea la furia se activará, la explosión llegará y con ello todo el daño que tantas veces será imposible de reparar.

Son las últimas páginas de esta obra y ellas dieron espacio para relatar la historia del hombre con sangre violenta. El hombre que se daña a sí mismo y también a los demás. El hombre que tejió por años una historia de piedras, sangre y sepulcros. Pero he aquí, damas y caballeros, una historia que no termina mal. Esta es una historia que termi-

na bien. Alguien se apoderó del libreto y cambió el lógico final del imperio de la violencia. Cambió piedras por amor. Sangre por dignidad y paz. Sepulcro de muerte por camino de vida. El Cristo dejó su marca indeleble una vez más en la historia de un mortal.

Cambiar la furia sin disparar una bala. Instalar la bonanza sin lanzar una piedra. Aplacar la ira sin emitir un solo grito. Conceder oportunidad al que ya no tiene ninguna. Hacer de nuevo a un hombre cuando él mismo ya es víctima de la fama de muerte que por años ha construido. Son todas descripciones de una realidad a la que no estamos acostumbrados, pero que sí nos llenan de esperanza y legítima emoción. El mejor negocio siempre será que cambiemos piedras por amor.

El Cristo lo hizo posible. El Cristo, el ser más adorado pero el menos tenido en cuenta. Nombrado por millones en todo el mundo. Visitado cada fin de semana en buena parte del planeta en sagrados templos. El Cristo, estampado en santos papeles y costosas obras de arte. El Cristo, exhibido muerto en cruces de imponentes edificios o colgando de cuellos anónimos y necesitados. El Cristo, en la tapa de santas Biblias o atrapado en las páginas finas y doradas de las mismas.

El Cristo, testigo mudo del juramento de mesiánicos e hipócritas dirigentes políticos, o suspiro de mortales en medio de un ataque de nervios. Es el Cristo, el más adorado, pero el menos buscado. El más nombrado, pero el menos considerado. Es el Cristo, especialista en cambiar realidades y mejorar atrocidades; sin embargo, conscientemente declarado cesante por buena parte de los que se dicen ser cristianos.

Historias de anónimos personajes fueron todas estas. Diferentes causas, mismos finales. Diferentes personas, mismo agente de cambio. El Cristo. El Embajador del cielo que no vino a aumentar tribulaciones, sino a calmarlas. Que no vino a apretar cuellos, asfixiar historias y perseguir pecadores. El Cristo, que libre de cualquier ropaje que los humanos busquemos colocarle, sigue fiel a su estilo y su misión: recuperar lo irrecuperable.

Quizá, y así las cosas, no estaría mal volver a darle un chance. Quizá hasta sería necesario desempolvarlo de los muebles de nuestras religiones huecas y costumbristas, y sacarlo a la calle de la fe activa de todos los días. Quizá sería necesario dejar de conservarlo con perfumes de encierros en los templos, y hacer que huela de nuevo perfumes de calles y problemas cotidianos. Quizá sería necesario que dejemos de jurar sobre su Biblia y decidamos practicar el mensaje impreso en sus añejas hojas.

Quizá, y por qué no, estemos frente a aquel que si pudo hacerlo con los personajes de este libro, lo hizo y lo sigue haciendo con miles de mortales en la historia, puede también hacer su obra de bien contigo. Sería cuestión de que hagas uso de la opción. Puedes sumarte ahora mismo a la lista interminable de esos que fueron transformados por el Embajador del cielo.

Por haber llegado hasta el final...

¡¡¡Muchas Gracias!!!

Referencias bíblicas

Acontecimientos referidos a los diferentes capítulos

Pasajes en la Biblia

*Nos agradaría recibir noticias suyas.
Por favor, envíe sus comentarios sobre este libro
a la dirección que aparece a continuación.
Muchas gracias.*

Para comunicarse con el autor:

Omar Herrera
Av. Alem 1218 • Cipolletti • C.P. 8324
Río Negro • República Argentina
Tel.: 54-299-4784797
www.omarherrera.com